あがり症 口ベタ 話しベタをなんとかする「とっておきの話し方」

松本幸夫
yukio matsumoto

同文館出版

はじめに　話しベタにはこんなメリットがある

話しベタな人は、何とか上手に話をしたいと思うものです。私もずっとそう思っていました。あなたも、そう思うからこそ本書を手に取ってくれたのではないでしょうか。

ただ実際には、**話しベタであっても、つまり今のままのあなたであっても、いくつものメリットがあります**。まず、三つのメリットがあることを押さえておいてください。

①誠実な人と思われる

これは方言でも同じですが、自分の土地の言葉で飾り気なく、とつとつと話をしている人をどう思うでしょうか？

「あっ、この人はとても誠実な人」「飾り気のない好感のもてる人」と思いませんか？

あまりにスラスラ、ペラペラと話をしていますと、そこに「ハート」が感じられなくなるものです。

私は今、大まじめに「どうしたら話しベタの人のように話せるか」と考えています。

ですので、わざと「えーっ」とか「あのー」といってみたり、準備なしのぶっつけ本番で「あがり」を招くようなことをしているのです。

今では「えー」とか「あー」はありませんし、アガることもないので、場合によっては「慣れすぎ」「機械的」にただ話しているようにとられることを考えてのことです。

わざとアイコンタクトをはずしてみたり、「わざと下手に話す」のが今の目標になっているんですよ。面白いでしょう。

それほど、話しベタは**誠実な人と思われる**ものです。

②話をよく聞いてもらえる

話しベタの人は、つっかえたり、間があきすぎてしまいますので、「情報量」自体は多くありません。

それが逆に、相手にしてみれば「よく聞く」「集中して聞く」ということにもなります。

あまりスラスラと話をしますと、右の耳から左の耳へスーッと通りすぎてしまって、頭にも心にも残らないわけです。情報量が少なくて、つっかえつっかえ話しているからこそ、相手は「よく聞く」ことになります。

また、あまり言いたいことがはっきりしないので「どういうことだろうか?」と、相手は理解しながら集中して聞いてくれるものです。

話しベタは、**相手を集中させる**のです。

③相手を安心させる

人は誰でも「他の人よりすぐれている」と思えば、優越感をもちます。プライドがくすぐられるわけですね。

あなたが話しベタであればあるほど、相手は「自分のほうが上手」「自分のほうが上」というような優越感をもちます。つまり、気分がよくて安心なのです。

反対に、あまりに話し上手だとどうなりますか?

「この人はキレ者だから用心しなくちゃ」「自分のほうが劣っている」などと考えてしまい、あまり安心して接することができないでしょう。

ですから、あなたは話しベタであることによって相手のプライドをくすぐり、**相手を安心させる**ことができるのです。

どうでしょうか？

ざっと考えただけで、こんなにも話しベタであることのメリットはあるのです。だから、安心してあなたは、話しベタに対処していけばいいのです。何しろ私は、努力して「話しベタ」になろうとしているくらいですよ。

ちなみに、流れるようにスラスラ話すと逆の効果があります。

誠実と思われない、集中してもらえない、プライドをくすぐらない――つまり、**話しベタはいいこと**なんです。

だから安心して、今の状態を少しずつ改善していくくらいのつもりでいてください。

本書は、「一般的な話し方」をご紹介するものではありません。

私自身、以前は重度の「話しベタ、あがり症」でしたし、今も話し方やプレゼンの講座を年間150回ほどこなしているからわかるのですが、「一般的な話し方では、話しベタの方にとってハードルが高い」と言っていいでしょう。

もしかしたら、あなたも「これまで読んだ本は高度なスキルばかりで、とても挑戦することができなかった」と思っているかもしれません。

でも、安心してください。

この本では「話しベタ・口ベタ」であることを活かした話法を中心にご紹介しています。今日から簡単に実践できるものばかりを集めていますので、ぜひ取り組んでみてくださいね。

あがり症・口ベタ・話しベタをなんとかする「とっておきの話し方」　もくじ

2章 話しベタこそ使いたい 実践！ 省エネ話法

3章

話しベタこそ使いたい
実践！ロジカル話法

4章

話しベタこそ使いたい
相手を引き込む14の話法

5章

話しベタこそ使いたい
上手に主張する技術

6章

話しベタでも大丈夫！

人前で堂々と話すための6大ルール

カバーデザイン　田中正人（MORNING GARDEN INC.）
カバーイラスト　タラジロウ
本文デザイン　　ジェイアイ

1章

話しベタこそ人から好かれよ

LESSON 1

好かれて人を動かせば話しベタなんか何でもない

これは話術の「裏技」と言っていいかもしれません。それは、**人から好かれてしまえば、話しベタなど気にならない**ということです。

あなたの友人の何人かを思い浮かべてみてください。

中には、「口ベタ」「話しベタ」な人もいるでしょう。でもその人は、あなたが好感をもっている友人です。友人、好意をもっているという人であれば、別にその人が話しベタだろうが、「どうでもいいこと」ではありませんか？

と言っても、あなたの「話しベタを克服しよう」という努力が、いらないとは言いません。それでは、本書の意義もなくなってしまうでしょう。

ただ、「話しベタ」だから、もうダメ、人生おしまい、ということでは決してないですよ、と言いたいのです。

私のようにあがり症で話しベタで、どうしようもない人間でも、今は「話のプロ」として生活できていますから、克服はできます。

が、万一思うようにいかなくても、まずは「好かれること」「感じのいい人になること」これが先決なんです。

私はとてもわがままなので

・気の合った人
・いい企画を出す人
・プロ意識のある人

という条件に満たない人とは、本を書く仕事はしていません。

まあ幸いなことに、90％以上の編集者はこの条件を満たしていますから、私はいい仕事ができています。

ここだけの話ですが、この3条件にはずれた人から紹介されますと、だいたいその紹介された人とは、うまくいかないのです。「類は友を呼ぶ」といいますが、いい企画の出ない、プロ意識のない人からの紹介は、だいたい同じような人がやって来ます。

なので この頃は、「誰の紹介か」「どんな人の紹介か」という紹介者をまずみて判断するようにもしています。

さて、ここであえてくり返します。

「人から好かれる」ことをまずしていけば、あなたの話しベタ、口ベタは二義的なものにしかすぎなくなります。

まずは人に好かれることを、頭においてください。

逆に考えたら、どんなに流暢にペラペラと話ができたとしても、「あの人キライ」と思われたらおしまいということです。

営業の方なら、「言っていることはわかりましたが、あなたからは買いません」ということになります。

逆に「価格は高めだし、商品もまあまあですが、**あなたから**買いたいです」と言われたら、営業は成功でしょう。

セールストークの前に、「好かれること」が肝心です。

同じように、話しベタ克服以前に、人に好かれることが欠かせません。

LESSON 2

追放したい3D言葉と3M言葉

先述のように、人に好かれていれば、たとえどんなに、たどたどしい話し方をしていても、あまり気になりませんね。

スキルよりも「人柄」がものを言うのは、ビジネスでも似ていますね。

私はネゴシエーションとかプレゼンの講師もしています。

当然、私よりも「知識」のある先生はいるはずです。

しかし、私はリピート率が高いのです。それは「**松本先生の**プレゼンを学びたい」「**松本先生に**ネゴシエーションを指導してほしい」という人が多いからです。

もちろん「中身」も十分にあってのことではありますが、私が受講者や担当者に好かれていることは大きいのです。

つまり、話術は大切なのですが、それにも増して、「好かれる」ことは大切なのです。

そこで、好かれるために追放して、口にしたくない「3D言葉」「3M言葉」をお伝えしておきます。これからは、一切口にしないようにしましょう。そういう人は、好かれますよ。

3D言葉は

①どうせ

②でも、だって

③できない

の三つです。

ひとつ目は、何かにチャレンジする前に「どうせやっても無駄ですよ」「どうせ、大した結果は出ないから」というように、行動のブレーキになる言葉です。

世の中、実は「やってみなくてはわからない」ものです。行動してみて、初めて結果はわかるのです。

行動する前からよくない結果を想っていては、うまくいくはずもありません。

2番目に、「でも」「だって」と言い訳をする人は嫌われますよ。

「でも、その時はうまくいくと思ったんです」「だって、先輩だって賛成したはずですけど」などと、自分の非を認めない人は好かれませんよ。そんなことを言う暇があるなら、「ごめんさない」「すみませんでした」と言えばいいのです。言い訳はタブーです。

3番目は「できない」です。

「予算がないからできない」「人が不足してできない」「景気が悪いからできない」……。できない理由はすべて、本当は「できる」と置き換えられます。

「あと150万でできる」「人があと3人いれば可能」「景気が悪くてもできることをやってみよう」……と、できると考えるのが、本当にデキる人なんです。そう、もちろんできると考える人は好かれますよ。

3M言葉は

①無理
②無駄
③難しい

の三つです。

意味は、先の3D言葉と似ていますね。「行動しない人」がよく口にする言葉でしょう。

「そんなの無理ですよ」「やっても無駄」「難しいからできません」などという類の言葉

です。

もちろん、いつも口にしている人は、「何もしない人」「結果の出せない人」「口先ばかりの人」ということですから、嫌われるでしょう。


「とにかくチャレンジしてみます」

「何とかやってみます！」

「難しいほどやりがいがある！」

といった前向きな人、チャレンジする人は、言うまでもなく人から「好かれる人」なのです。

３Ｄ言葉と３Ｍ言葉、もうこれからは一切口にしないで前向きの言葉を口に出していきましょう。

LESSON 3

好かれるための3Kとは

3Dと3Mはダメ。

では、好かれるには、どんなことに注意したらいいでしょうか?

私は「話術」というのは、今後のプレゼン・スピーチで一番ものを言うスキルだと考えています。まだ私も、現役として磨きをかけている最中です。

しかし、「好かれる」という点からみますと、必ずしも「スキルだけ」では不十分です。

もっといえば、仮に「口ベタ」であったとしても、好かれるための「テーマ」「中身」をもっていたなら、十分に好感をもってもらえます。

ですので、口ベタの方は、「3K」を意識して話をするように心がけてください。

好かれる3Kというのは次のものです。この三つを話のテーマ、中身に盛り込むのです。

①興味

②**共感**
③**好印象**

この三つの頭文字をとって３Ｋとしました。

ひとつ目は「興味」です。人はどんなに相手の話し方が下手であったとしても、自分の興味のある話なら聞きたいのです。

さらにいうと、あなたが興味を持っている話でも本気でその興味を伝えようとしますと、好感をもってもらえますよ。

まずは「聞き手の興味のあるテーマは何だろうか？」と考えて、話していくようにしましょう。

一番いいのは、相手の興味のある話、ニーズを十分に満たすことです。しかし、あなたには知識が不十分の場合もありますね。

その時は、あなたは「話し手でなく聞き役に回る」、これでいいのです。無理に話をしなくても、質問することで、相手は上気嫌で話をしてくれます。

口ベタなあなたでも、話をしなくてすむのですからいいでしょう。

2番目は「共感」がキーワードです。

つまり、相手の「共感できるテーマ」で話をしたらいいのです。

たとえあなたがしどろもどろで、あんまりスラスラと話ができなくても、「私もそう思う」「そうそう」「そうなのよね」と相手が共感してくれるテーマなら、あなたは好感をもって迎えてもらえますよ。

ですので、一方的に話をするのではなくて、どういうテーマなら「共感してもらえるか」を考えて、話をするようにしてください。

3番目が、「好印象」です。

話としては、先の3D言葉や3K言葉を使わない人は好かれます。

また、印象をよくするには2大ポイントがあります、何だと思いますか?

ひとつ目は「表情」。もちろんスマイルをベースに人と接していたら、嫌われることはないのです。気難しい人、感じの悪い人と思われてしまうのは「スマイルのない人」なんです。たったこれだけで、嫌われてしまっては損でしょう。

二つ目が「身だしなみ」です。新入社員の時に習ったような、あいさつや、清潔な身だしなみも「好かれる」ための高ポイントなのです。

興味をもたれるテーマ、中身で話をすること。

その時には、好印象を与えることも忘れずに。併せて、共感を得るテーマも常に考えておいて、パッと出せるようにしておくのです。

この3Kを心がけたら、あなたが口ベタであってもまったく問題にはなりません。好かれますよ。もちろん、さらに話術を磨けばいうことはありません。

LESSON 4

名前を入れて話す

世の中で一番響きのいい言葉は、その当人の「名前」です。

どんなにほめ言葉を並べ立てても、心のこもった「斉藤さん」「竹下さん」という名前にはかないません。

もちろん、「アキコ」「ケイコ」「ヒロシ」なんて呼ばれたら、それだけでもう心がとけてしまうようなシチュエーションもあるでしょうね。やはり、名前を呼ぶ、というのは人の心を打ちます。動かします。

私は「研修インストラクター」をしていますので、受講者の名前を呼ぶのは日常的なことです。

ところが最近、こんなことがありました。ある研修会に行ったら、「個人情報」を出せないということで、机の上に受講者の名前を書いた名札がなくて、その人の会社名だけが書かれていました。

私は「○○商事さん」とか「○○電機さん」としか呼べないわけで、おかしな話です。

さすがに私もクレームをつけたところ、「わかりました、次回からは個人名を……」と担当者に言われましたが、名前を呼べずに大変困りました。

しかもアンケート結果は、その年の私にとっては一番よくないものになりました。あたり前ですね。名前を呼べないために、双方向のコミュニケーションが上手にとれなかったのですから。

それほどに、人は「自分の名前」を呼ばれるのに〝快感〟をもつものです。


研修で一番効く名前の呼び方は、その人が名札をつけ忘れたり、つけていない時にしっかりと呼ぶことです。つまり「この先生は、自分の名前を覚えておいてくれた」ということで相手は喜んでくれます。受講者が30人、40人いる中で、名前を「覚えてくれた」ら、いい気分になるのは間違いありません。

話の終わりや頭、話の途中であっても、話の中では、いつ名前を盛りこんでもいいのです。

「どう思いますか、田中さん？」

「井上さん、いかがですか？」

「この辺は、山田さん、わかりますか？」


読者の田中さん、井上さん、山田さんは、「自分のことを言われた」と思うでしょう。

そうなんです。名前を呼ぶということは、他の誰でもない**あなた**1人に話をしている、ということになります。

コミュニケーションの基本は1対1、あなたと私とのつながりです。

それが「名前を呼ぶ」ことで、くっきりと浮かびあがって、強化されるのです。

どんどん会社に名前を入れてくださいね。伊藤さん、いいですか？

相手に好かれるために、名前を盛りこむといいんですよ、藤村さん。

LESSON 5

気配りのクッション言葉

気配りを示す言葉は、相手に好かれます。

特に、「ちょっとしたひと言」があるとないでは大違いです。

これは一般的に「クッション言葉」と呼ばれます。「クッション」が、ストレートなもの言いを柔らかくしてくれて、人間関係を壊さないように包みこんでくれるからです。

「すみませんが」「申し訳ありませんが」「ちょっと……」「あの……」

仮に「ノー」と言いたい時に、このクッションがなかったらどうなるでしょうか。

「ダメです」

「できません」

「行けません」

なんてストレートに言われたら、相手はイヤな感じになりますし、ムッとするでしょう。もちろん、好かれるなんてことは夢の話です。

ところが、クッションを上手に用いたら、相手が好感をもってくれることさえあります。

「ごめん、本当に悪いんだけどダメなのよ」

「申し訳ありませんが、どうしても今回は行けないんです……」

「あの……ごめんなさい……」

心のこもった態度で示したら、「ノー」と言ったとしても、相手が「この人、いい人」と思うことさえあるのです。

私の周囲にも、上手な「ノー」を言う人が何人かいます。

もちろん、話法がしっかりしていて、ロジカルに「ノー」の理由を言われたり、代案が出てきたら「なるほど」と納得はします。

しかし、これに加えて、〝クッション言葉〟が入りますと、「好かれる」ことにもなるのですよ。

クッション言葉で断わる断わり上手は好かれると思ってください。ストレートに言いすぎてはダメなので、この辺も話しベタな人のほうが、いい印象を与えられますね。

口ごもったほうが、「ノー」には適しているのです。

また、文末を疑問形にするのも、話をソフトにしてくれるのに役立ちますので、覚えておいてくださいね。

たとえば、頼む時に「～してください」と言い切るよりは「**～してくださいますか？**」としたほうがソフトでしょう。

「よろしいですか？」「いい？」と文末にまで心を配ったなら、あなたは今よりもずーっと好かれるようになります。

これからは、話をソフトにして好かれるために、疑問形で話すことを、使ってみていただけますか？

LESSON 6

自尊心を傷つけない

嫌われたければ、相手のプライドを傷つけたらいいですね。

「こんなことも知らないのか」

「バカじゃないの」

「ダメだよ」

といったことをあからさまに、なおかつ多くの人の前で口にしたら、相手には100パーセント嫌われます。

むしろ、プライドをくすぐってあげたら、好かれるのは間違いないわけです。

「よく知っていますね」

「さすがに鋭いですね」

あなたはすばらしい人、大したものだとほめてあげたらいいのです。

私の知っている営業マンに、20代で業界の1、2を争う成績を出した男がいます。もう今は、営業を指導する側に回りましたが、彼の得意技は「メモ」でした。

私も昔やられたのですが、こんな感じです。「さすが松本先生、よく知っていますね。ところで、それはどんな字を書くんですか？」とメモをとり出して、私に「教えてください」という姿勢を示すのです。

私もその気になって、「それは、こうこうこういう字で……」といい気分なのです。

後で聞くと、彼は得意先や新規開拓に行っても、いつもそんな感じで「教えてくださ い」「へー」と言いながらメモをとるのがわかりました。

あなたも、このメモ作戦をしますと、ググッと相手の心をつかめますよ。

最近、私はある編集の方の仕事を受けることにしました。

しかし、まだ企画書も出されていないので、「いい企画を出す人と仕事をする」という条件には合っていません。まだどのような企画かはわからない段階なんです。

以前、ある方の本の監修をすることになっていたのですが、結局、事情があって流れてしまいました。その担当者とはまだ会っていなかったのですが、申し訳ないというメールが来たのです。

その文中に「次回はぜひ松本先生と仕事できたら嬉しい」とありました。私の本を愛読してくれていて、「松本先生と仕事ができるというときめき……」なんていう文があったのです。

完全に私は嬉しくなってしまいまして、まあいつものポリシーはどこかへ行き、「次の機会があれば、この人の仕事は受けよう」となってしまったのです。

やっぱり、自尊心をくすぐられたら、人は動くんだなと私は身をもって実感しました。

自尊心をくすぐるのは、その人の行動をほめることです。

もちろん、持ち物をほめるとか、容姿をほめても好かれる効果はあります。でも、圧倒的に行動をほめられたほうが、よろこび度は大きいものです。

「あの場面で、社長に意見を言えるなんて、すごいことですよ」

「あの天気に外回りに出るなんて、フットワークがいいですよね、感心します」

「早朝に語学の勉強なんて、根性ありますよね」

と、**その人のやっていること、行動そのものをほめますと、本人の自尊心はくすぐられること間違いナシ**、です。

LESSON 7

相手を土俵にのせてあげる

どんな人でも、「自分の土俵」つまり自分の好きなこと、趣味、興味のある分野で話をすれば、気分がいいものです。

また、面白いもので、「自分の土俵」で話をさせてくれた人に対して、私たちは好意を抱くものです。

ちょっと思い浮かべてみてください。

「あの人と一緒にいると気分がいい」「彼（彼女）といると心が安らぐ」なんていう相手は、おそらくあなたの話をよく聞いてくれて「それからどうなった？」「スゴい！」などと感心してくれていないでしょうか？

あなたが得意になって話している相手は、「あなたの土俵」の話をよく聞いてくれて、その話をふってくれている人ではありませんか？

私は、研修の受講者に対して「この人、いい人」と思ってしまうことがあります。

なぜなら、皆「私の土俵」にのせてくれる人だからです。

「松本先生、ヨガをなさっていたんですか？」「ＰＲＩＤＥはなくなってしまって残念ですね。先生は、誰が今最強だと思いますか？」などということを休憩中に尋ねられると、もうダメですね。私は相手を「友人」と思って、得意になって話をしてしまうんです。

もちろん〝無条件〟に、その質問者に好意を抱いてしまうのです。

これは、よく言うように共通の趣味の話とか、共感できるテーマで話をすることよりも、一歩先を行っています。

つまり、自分はその会話では主導権はとらないのです。会社の大半は「相手中心」でいくわけです。

やることは、「相手の土俵は何なのか」を探り、それを相手にふってしまって、自分は聞き役に回るというやり方なんです。

あなたのやるべきことは、感心して、ほめて、質問を入れて、相手にどんどん話をさせていくことです。すると、相手は話すほどに気分がよくなっていって、あなたへの好感度が増すのです。

これなら、あなたは多くを話さなくていいでしょう。

ちょっと質問するくらいで、あとは驚いていたらいいのですから楽でしょう。

2章で詳しくお話ししますが、話しベタ、口ベタと自認している人は、**長く話さなくてもいい**スキル、これを覚えておいてほしいのです。

「まとまった話をしなくてはならない」「上手に話をしよう」「あがってはいけない」などと考えてしまうから、ますます緊張してしまって、上手に話ができなくなってしまうのです。

「相手の得意な分野の話は何だろうか?」

「相手は今、何を話したがっているのか?」

というように、相手のことを考えることが先です。

そうすれば、あなたからムリに長く話をしなくてもいいのです。

また、相手に好かれるためには、あなたがペラペラとやるよりも、相手がどんどん話をするようにもっていったほうが効果は大きいです。

もちろん、研修の受講者は私の話を聞いてくれます。

しかし、プライベートでじっくり話を聞いてくれる人は少ないのです。

ごく少数ですが、「へーえ」「それから？」などと、私のプライベートのことをよく聞いてくれる友人には、私は心を開いて好感をもっています。1人はコンサルタント仲間で20年来の友人KK氏。もう1人は編集の仕事でずっとおつき合いのあるYH氏。

この2人には、本当にバカな相談をもちかけたり、ここには書けないような話までもしてしまっています。

2人共に、私を「私の土俵」にのせてくれるのがうまいなあ、と思うのです。

さあ、あなたも、相手を「相手の土俵」にのせてあげましょう。好かれますよ。

LESSON 8

好かれるコミュニケーション80：20の法則

経済学者パレートの説いた「80：20」の法則は有名です。

もともとは「富の80％を20％の富裕層が占める」という経済上の法則のようですが、今はかなり広範囲に応用・拡大されて用いられています。

たとえば、商品の80％は、20％の得意客によって購入されるとか、身近な話で言えば、お気に入りのネクタイの20％を、80％の日数締めているとか……。

これを、コミュニケーションに置き換えると、ごくごくシンプルにあなたが会話の中の20％を聞き役になる、80％は相手が話す——これでコミュニケーションはスムーズにいくのだという意味で私は使います。

80（相手が話す）：20（あなたが聞く）

これが黄金比だと私は考えています。

ここは大切ですので、話しベタ、口ベタな人はよーく覚えておきましょう。

上手に話すから好かれるとは限らないということです。人は「自分の話をしたい」のです。そこへ、あなたがペラペラ話しても、好かれることはないのです。

むしろあなたは、20％話すくらいで、あとはよく相手の話を聞くのです。

相手は「自分の話」ができるので、あなたは相手の気分をよくするということで好かれるものなのです。**よい聞き手が好かれる**のは間違いないことです。

ですので、巷間よくある「話し方教室」よりもむしろ、好かれるためには「聞き方教室」があってもいいくらいなのです。

しかし、「聞く」というのは、ほんの少しだけ努力が必要です。皆、「何か話したい」「自分のことを知ってもらいたい」「理解してほしい」という欲求があるからです。もちろん、仮に口ベタであったとしても、あなた自身もそうでしょう。

話したいのに、反対の「聞き役」になるのは、少々のガマンが必要ですね。ですから、まったく黙るのは大変ですので、20％だけ、話していいのです。が、80％の大部分は相手が話すというコミュニケーションでいきましょう。

プレゼンテーションの研修のあと、1人の受講者がやってきました。もう3、4年前のことです。「あがり症」で困っているというので、相談にのってほしいというのです。約20分だったのですが、私は「聞き役」になりました。

「どういう時にあがってしまうんですか？」

その40才くらいの女性は、20分ほどずっと、話を続けました。

「友人と話をしている時はいいんですけど、プレゼンになるととたんに緊張してしまってしどろもどろで……」

たしかに、私の前ではあがらずに延々と話を続けました。私は時々「それで」とか「ええ」などと口をはさむくらいでした。

ところが、です。20分ほどして、「あっ、そろそろ新幹線に乗る時間なので、この辺で失礼します。さすが、松本先生はスピーチの先生だけあって、**話し上手**ですね」と言って、その女性は去っていったのです。

私はただ「よく聞いた」だけだったのに。

つまり、上手に聞くと、「話し上手」と思われることもあるのですよ。いいでしょう。

2章

話しベタこそ使いたい
実践！省エネ話法

LESSON 1

使いたい六つの話法

ここからは、話しベタなあなただからこそ使える「省エネ話法」をお伝えしていきます。

敵と戦う場合に、武器の種類が多いと有利なように、「あなたが文頭から末尾まで完全に話さない」という話法も、たくさん種類を知っていたほうが「勝てる」ものです。

そこで、実践的な六つの話法をご紹介しますのでぜひ使ってみてください。

これらはすべて私が実践した方法ですから、安心して使ってください。もちろん、すべて効果のあるものばかりですよ。

基本の考え方は、**本当の会話では、最後まで話さない**ということです。

この〝自然な会話スタイル〟がベースとなっているのが、私がお伝えしている話法ということです。

仮に、日本語を勉強したての外国人なら、頭から末尾まではっきり言うかもしれません。「すみません、東京駅まで行くには、どうやっていけばいいのでしょうか？」という感じでしょうか。

しかし、**普通の**会話なら「あの……。東京駅はどっちの方向で……ごにょごにょ……」、これで通じてしまうものです。また、そんな感じの言い方をしている人が大半です。

道を尋ねるのみならず、店での注文なら「ホットコーヒーを二つこの席までお願いします」なんて言いません。「ホットで」とか、メニューを指差して「えーっと……コレとコレ……」で通じてしまいます。

話しベタな人は、「完全な文章」を堂々と言えないで悩んでいることが多いものです。

しかし、現実のコミュニケーションはそうなっていませんから、むしろ**リアルな、普通の話し方**に徹していけばいいのです。

ムリにすべてを話そうとせずに、話しベタの人がそのままで、ちょっと工夫したら十分にコミュニケーションのとれる方法を以降、お伝えしたいと思います。

LESSON 2

①ごにょごにょ話法

「ごにょごにょ話法」とは、特に末尾をあえてあいまいにしてにごしてしまう話し方です。

いくつか例をあげますので、なるほど、と実感してみてください。

この話法は、「問題のあること」「言いにくいこと」「失敗」「悪い報告」のように、中身がネガティヴな時に用います。

典型的なのは葬式の時です。

ハキハキと明るい声で「この度は、大変なことに遭遇されまして、まことに、残念なことと思います！」なんて言わないですよね。

「この度は……ごにょごにょ」

「残念なことで……もごもご」

というように、あえてハッキリと言わないほうがむしろ適切な言い方になるものです。

これは別に葬式の際に限らないのです。話の中身がネガティヴで、あまりハキハキというのがはばかられるような時にはこの話法をどんどん使ってみましょう。

一般のコミュニケーションでは「スマイル」「アイコンタクト」は、よい雰囲気を作り、相手と会話のキャッチボールをしていくのには欠かせないものでしょう。

しかし、話の中身によっては、ごにょごにょ話法で、あえてはっきり言わないほうが適切ということもあります。

ここでは言うまでもなく「**暗い表情**」「**目を合わせない**」という形のほうがいいのです。

私はスピーチの指導をしていますが、「ニコニコするな」「アイコンタクトするな」なんて書いてある本はありません。

しかし本書は、話しベタの人でも「楽に」「自然に」話のできる方法を説いていくものです。ですので、状況によっては、一般に「好ましい」とされているスキルが〝不適切〟な場合があることは知っておいてください。

暗い表情で、うつむき加減に、ごにょごにょしていきましょう。

「部長、実は申しあげにくいのですが、先週のクレームの件で……あの……」
「今月のノルマですが、え……残念ながら、あ……」
「新製品の前年度の売上なのですが……ちょっとその――……」

あなたは、自分が話しベタだとして、何でもかんでもはっきりと、堂々と言おうとムリに考えてはいませんか？

話の中身によってはむしろ、言葉をにごしてしまったほうがいいことは多くあるのです。

ビジネスシーンでは失敗やイヤなことなど、報告しにくいことは多くあるでしょう。こんな時はひとつの「話法」と割り切って、あえてあいまいなままに、「ごにょごにょ」してしまいましょう。

LESSON 3

②ノンバーバル追加法

私はプレゼンテーションの指導をしています。その中で「プレゼンターが大きな視覚物」であると言っています。

つまり、プレゼンターの熱意、やる気、情熱は「体全体で表現」することで、その迫力、熱さが伝達していくのです。

スピーチの大家デール・カーネギーも**熱意は伝染する**ということを言っているほどです。

私のここ数年のテーマは、「アナログの復権」です。今はパワーポイントを中心にしたデジタル表現が盛んですが、私は反対です。ですので、視覚物をいたずらに使わないで〝話術〟を磨くことをお勧めしています。

ただ、私の好きな落語で用いられているようなジェスチャーは大いに用いていくべきなのです。

もちろん、ジェスチャーを用いないで話術でカバーすることもできますが、話しベタな人は、手を加えて話したほうが〝楽〟ですので、ぜひ用いてほしいのです。

たとえば、業務が増えて「拡大している」と言いたいとします。この時にジェスチャーを用いないなら、オノマトペ（擬音語、擬態語）を使って、たとえば「どんどん」とか「グングン」とか、「カーッと」などと言えば、ジェスチャーなしでも強調できます。

ジェスチャーなら、両手を左右に広げながら「拡大しています」と言えば、強調できます。視覚から受け取る情報のインパクトは強いのです。ですので、あまりに頼ってしまうと、話の内容が脇役となってしまうので、注意したいわけです。

ちなみに、〝落語式〟のジェスチャーのアイアンルールがあります。

何だかわかりますか？

それは、**言葉が先、ジェスチャーは後**という手を動かすタイミングです。

落語では、意味のない動作はありません。また、あくまでも聴衆中心ですので、聴衆がわからなかったり、迷うことはしないのです。

仮に道端に財布が落ちていたとします。ごく普通にジェスチャーを入れるのなら、「その財布」と言いながら、同時に地面を指差すでしょう。

しかし、スローにしてみますと、「そこの財布」と言って微妙にズラしながら、地面を指差します。

つまり、「財布」と言ってからジェスチャーがつきます。

なぜなら、もしも指差しを先にすると、その指差しが何を意味するのかわからないからです。「そこの財布」と言えば、財布というのがわかりますから、その後に指を差すわけです。

これは「おはようございます」と言葉を先にしてからお辞儀をするマナーの基本と同じです。**二つは同時にしない**ものなのです。

このやり方からいきますと、「拡大しています」と言うのが先で、両手を左右に広げるアクションは後というわけです。

さて、本題のノンバーバル追加法ですが、これは、言葉のあとをジェスチャーでつなげるというやり方です。
いくつか例をあげてみましょうか。

1「今、我が社は」と言ったあとに、左手を左斜め上に伸ばしていくジェスチャーをつけます。意味は「右肩上がり」です。

ジェスチャーをつける際は、「相手からどう見えるか」も考えてみてください。左手を用いますと、相手からは反対に見えます。特に大人数を前にする場合は、そうしてください。

2「この案件は」と言ったあとに、両手で「バツ」のジェスチャー。もちろん、よくない、ダメという意味で加えるわけです。

3「このままいきますと、必ずA社と」と言ったあとに、拳を左右からぶつけます。衝突する、争うという意味で使います。

三つだけ例をあげてみましたが、他にもいくつでもバリエーションがありますね。つまり、言葉のあとにジェスチャーを、言葉の代わりにくっつけるわけです。

この話術は、毎回行なうのではもちろんありません。ただ、「話術」としてはまったく新しいものであって、こういう話法もあるのだと知っておいてください。

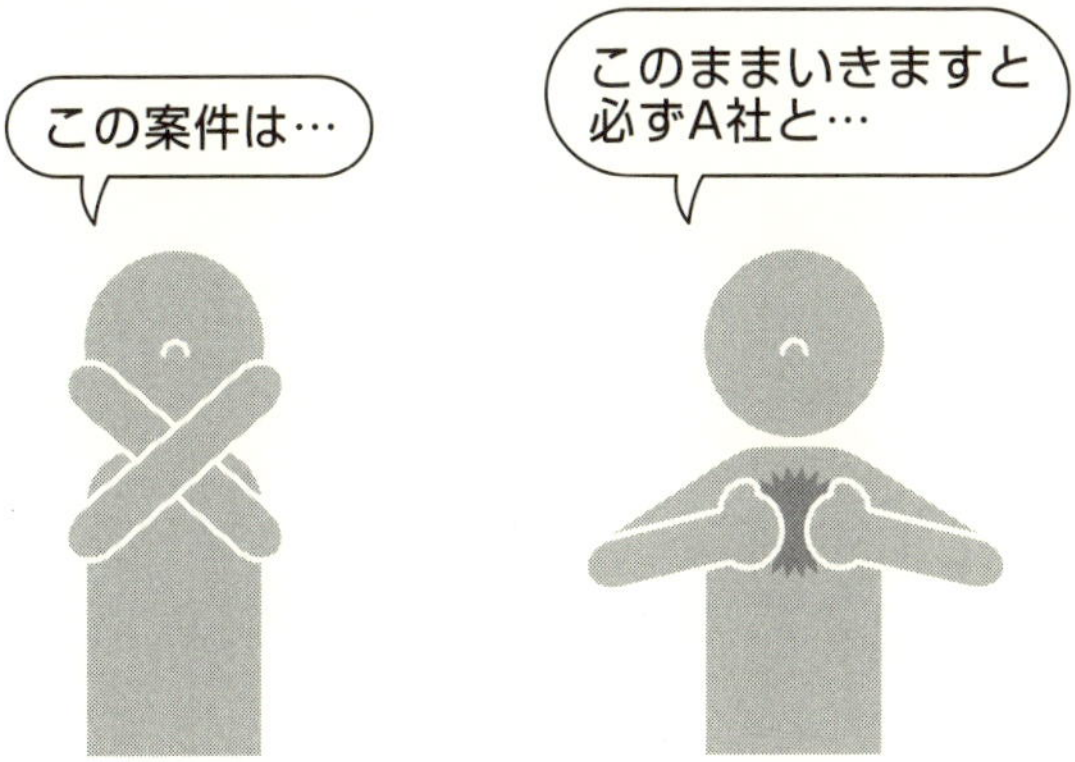

私は以前、話の「メリハリ」をつけるには、声の大小やスピード、ジェスチャーを加えるとか間をとる、このくらいしかないと思っていました。

しかし、本書で述べている「最後まで話さない」という話法も、「話のメリハリ」をつけるのに、とても役立つことを実感しています。

言葉の続きをジェスチャーで補うというのは、おそらく話術としては新境地ではないでしょうか。

あえてここに公開しますので、ぜひ、まずは使ってみてください。

現場で使える話術こそ価値あるものです。

LESSON 4 ③質問返し法

自分が話さなくてもよくなる秘訣とは、前述したように「相手に話をさせること」です。

「私は話上手じゃないから」などということで、卑下する必要はまったくありません。むしろ「よい聞き手」になることで、あなたはペラペラと話をしなくてすみます。さらに、話をした人は、自分が話をしたということで満足感を味わえるものなのですよ。

カウンセリングの大家であった、カール・ロジャースも「人は話すことで心が癒される」という意味の言葉を残しているくらいですから。

さあ、この「相手に話をさせる」というのを、ひとつの話法として用いてみましょう。

どうしたら相手に話をさせられるのかというと、**質問すること**によってです。

これはそのままは使えないと思いますが、私が研修の中で受講者にしているやり方です。人数としては20名までの、比較的少人数の時によくやります。

研修の中で、

「おわかりいただけました、田中さん？」

「どうでしたか、遠藤さん」

というように、名前をつけて問いかけをします。

もちろん「はい」とか「ええ」という短い答えもありますし、「そのあたりは、私としてはもう少し時間がかかります」とか、「必ずしも１００％ではないのですが、もう少し聞かせてください」などと、会話してくる人もいます。

いずれにしても、ここで私は質問というよりも、「名前を呼ぶ」くらいの聞き方をしているのに、相手が反応して「話してくれる」ということです。

ですので、もう少し細かく聞いていきますと、講師であるはずの私は「聞き役」になって、受講者が話すという形になっていくのです。

私は今、自分が教えるのではなくて、私が受講者から「教わる」というスタンスで研修しています。

「このあたり、どういう意見をお持ちですか？　竹下さん**教えてください**」

「このケースについてどんな結果になりましたか。田中さんのグループの結果を、**教えてもらえますか？**」

という言い方が、私の研修ではとても多いのです。

さて、質問返しというのは、相手からの質問に対して、さらに質問して返して、なるべく「自分は話さなくていい」という状況をつくり出す話法です。

いくつか例をあげてみましょう。

相手「擬音語とか擬声語は話のメリハリをつけるのに有効ということですが、どのくらいの割合で使うといいのでしょうか？」

自分「どのくらいが適切だと思いますか？」

相手「自分の意見を言う時に、そのままだとキツい言い方になりますが、どうしたらソフトな言い方になるんですか？」

自分「どうすればソフトになるでしょう、あなたの意見は？」

相手　「可能性はどのくらいありますか？」
自分　「どのくらいあると思いますか？」

　まあ、あまり度々やるとおかしいのですが、話法のひとつとして、他の話術と共に、時折混ぜるのでしたら、おかしくはありません。
　ポイントは「自分の話を少なくするには、どうしたらいいか？」と常に自問して、他の人とコミュニケーションをとっておくということです。

①ごによごによ話法
②ノンバーバル追加法
③質問返し法

　まずはこの三つを用いてみましょう。それだけでも、あなたは自分の話をする時間をグーンと短くして、楽にコミュニケーションをとっていけるようになりますよ。

LESSON 5 ④相手に続きを言わせる

私は移動でよくタクシーに乗ります。ほとんどの場合、私は運転手さんに話しかけます。

すると、中には〝話の名人〟クラスの人がいて、私は「どんな人からでも、どんな場所でも話術は学べる」と感じるのです。

そんな「実践」の中から学んだ話法のひとつがコレです。

相手に続きを言わせるという話術です。

たまたま、ある運転手さんと地下鉄の話になりました。

「私はめったに乗らないんですよ」

「休みの日も、車の移動が多いのですか？」と私が問いかけると、こういう〝話法〟で答えてくれました。

「いや、最近の地下鉄は深くまでもぐりますよね。考えちゃいますよ、もしも、地下にいる時に大地震でもきたらぁ……」

運転手さんはこのあとの言葉は飲みこんでしまって言わなかったわけです。

あえて言葉にしたら「大変なことになりそうなんで、それが恐くて車なんですよ。地上ならまだ地下に埋まるよりはイイかなと思ってますから」とでもなるでしょうか。

運転手さんの「……大地震でもきたらぁ……」というのに対して、なんと私がその続きを口にしたのです。

「大変ですもんねえ」

そして再び運転手さんが

「まあ地上にいたらぁ……」

私が続きを言いました。

「まだ助かるかもしれませんよね」

こんな風にして、会話が続いたのでした。

自分があえて話を途中でやめてしまうと、相手が勝手に続きを口にする。これはもう立派な話術といってよいでしょう。

これならどんなに話しベタ、口ベタでも問題ないでしょう。

もろちん、いつもでは困りますが、大いに使ってみてください。面白いですよ。なにしろ、あなたの話の続きを、相手が言ってくれるのですから。

私はこの原稿を書いている日に、今度は逆にタクシーの運転手さんにこの話法を使って会話をしていました。こんな感じです。

(私)「この辺は、桜の樹が……」
(運転手)「そうなんですよ、多いんですよ」
(私)「たしか開花宣言は、あ……」
(運転手)「明日ですね。ニュースでやっていましたから」
(私)「そういえば、花粉だけじゃなくて、この頃は黄砂も……」
(運転手)「すごいですね。フロントガラスにたくさんくっついてますから」

さて、どうでしょうか。あなたは、この話法を……。

「使ってみます」と続けてくれたら、最高なんですけれど。

LESSON 6

⑤マイナスの接続詞でわからせる

「最後まではっきり言わない」「あえてペラペラと話さない」という省エネ話法は、話しベタの人にとってはありがたいものでしょう。

私は強度のあがり症でしたから、やはり「話を終わりまできちんと話す」ことを苦痛に感じていました。

話をしている最中に、相手からじっと見られるともうダメです。あとはしどろもどろで、何を言っているのか自分でもわからなくなってしまうことが多かったのです。

よく、「話をわかりやすくするためには、結論から先に言え」といいますが、結論を言うのがつらくて苦痛なのです。

が、ここでは安心してもらえます。

というのは、**結論そのものをパーフェクトに口にしなくてもいい**のです。

話の中身が「否定的」「ノー」「ネガティヴ」「失敗」といったものであれば、話の始まりの「冠」ですべてがわかるようにするのです。

始めのあいさつや、ちょっとしたひと言のあとの**つなぎの言葉**で、中身を相手にわからせてしまうことが肝心です。

「今回の合弁事業の話ですが」＋「残念ながら……」（つなぎ）

と言っただけで、うまくいかなかったことはわかるものです。このあと、あれこれ、くどくどと言わなくてもいいのです。

「ダメです」「受け入れられません」「ムリです」などとはっきり言うと、相手も傷ついてしまうシチュエーションはあるでしょう。

「あなたの性格が大キライで、とうてい合いそうもないので、お断りします」なんて言わないでも、

「ごめんなさい……」

「悪いんですけど……」

「申し訳ないですが……」

というようにつないでいけば、もう**終わりまで言わなくても「ノー」というのは、相手**

に伝わります。

どうしても話ベタと思っている人は、昔の私もそうですが、「すべてをはっきりと口にできない」ので悩んだり苦しんだりします。しかし、場合によってははっきり言わないほうが親切ということもあるのですから、安心できるでしょう。

「悪いけど……」と言えば、ノーなわけです。

「今日は他の人と約束があるから、あなたと会う時間はありません」なんていうのは、カッコよくないでしょう。

ここは「ちょっと今日は……」でいいのです。

もちろん、他でも触れますが、その相手と関係を切りたければフォローは不必要です。しかし、その後も継続してつき合っていくのでしたらフォローの「代案」は、ノーのあとに加えておかなくてはいけません。

「今日はちょっと……」でノーを示したあとに、「来週の木曜か金曜なら大丈夫だけど」と加えておくと、フォローされます。

これからは、上手につなぎの言葉を口にして、その後の中身を察知させましょう。すべてを最後まで言う必要はないのです。これこそ、実践的なコミュニケーションになります。

さあ、どんどん「ノー」ということをわからせましょう。

「その日は先約があってムリです」などと口にしてしまうから、嫌われてしまうし、気の強い奴などと誤解されちゃうんですよ。

「その日はちょっと……」というので十分です。

あとは、つなぎの言葉のバリエーションを増やしていきましょう。決まりはないのですよ。

「申し訳ないんですが……」

「ちょっと……」

「難しいかなあ……」

「残念ですが……」

「悪いと思うのですけど……」

あなたの口にしやすい「ノー」は何でしょうか？

LESSON 7

⑥プラスの接続詞を上手に使う

あなたは、報告、連絡、相談をする際に、５Ｗ１Ｈをはっきりさせて伝える、起承転結の順に伝えるのが正しいと思っていませんか？

「報連相」はまず始めに「結論ありき」です。

といっても、細かな部分ではなくて、イエスなのかノーなのか、よい知らせか悪い知らせか。これから説明することは正か負か、うまくいったのか、いかなかったのか……。

その辺をまず「わかってもらう」ことで、その後の説明もしっかりと聞いてもらえることになるのです。

もろちん、あなたがニッコリしただけでも、「よい知らせ」というのは伝わります。ジェスチャーで「○」をつくれば、これで「よかった」「成功した」「大丈夫だった」ということが伝わるでしょう。

よくあるのは、結論を先に言えということですが、もちろんこれは正しいのです。しかし、「言う」前に、内容についてプラスかマイナスか、よい知らせか悪い知らせかを伝えましょう。その上で、言葉で細かく説明を加えたらいいのです。

話しベタな人はどうしても、なんとかすべて言葉で伝えようとします。すると、途中でうまくいかなくなるとあせってしまい、ますます話がわかりにくくなりがちです。

ですので

「やりました……」
「嬉しいことに……」
「喜ばしいのですが……」
「朗報ですけど……」
「楽しみにしてほしいんですが……」

といったひと言をまず入れるのです。

つなぎの言葉そのものでは伝えにくいかもしれません。が、ちょっとひと言入れれば「あっ、うまくいったんだな」というのは相手にわかります。その上で説明していけば、たとえたどたどしくても、大意は伝わるものです。

ここで申し上げたいのは、あなたの報告が終わるまで内容の大意が伝わらないのではいけないということです。

詳しく話す前に、言葉やボディランゲージで「うまくいった」ということをしっかりわからせておくことがいいのです。

「課長、いい報告です」

「部長、よい知らせです」

と始めに口にしてしまうと、相手はそのつもりで聞いてくれるので、多少言葉が足りなくても伝わりやすくなることを覚えておいてください。

3章

話しベタこそ使いたい

実践！ロジカル話法

LESSON 1 ロジカルにみせる3大ポイント

あなたは「ロジカル」に話す人を見た時に、どんな印象をもつでしょうか?

「頭のいい人」

「仕事のデキる人」

「説得力のある人」

など、いずれにしてもビジネスパーソンとして優秀という印象でしょう。

実は、本当に優秀かどうかは別の話です。実際の優秀さとは関係なく、「そのように見せる」ことができるのです。

話しベタな人から見れば「ロジカルな話し方なんてとてもできない」と思うことでしょう。

でも、ご心配なく。あなたがどんなに話しベタであったとしても、次の三つのポイントに従って話を進めていけばいいのです。

どんなに「訥弁《とつべん》」であったとしても、あなたの話をロジカルに見せることは可能です。

そして、そのルールにのっとって話すのが習慣になってしまうと、何と……。

あなたは本当にロジカルに思考して、ロジカルに人を説得できるようなビジネスパーソンに変身しているのです。本当に、ガラッとあなたを変えてしまいます。

ロジカルに見せるには、以下の三つを抑えることです。

①ポイントを三つにしぼる

②「なぜならば」と言う

③比較してみせる

この三つについて、以降、詳しくみてみましょう。

LESSON 2

①ポイントを三つにしぼる

これからは、会議の場でも、業務上の報告を上司にする時でも、朝礼のような場であってもすべて

「ポイントは三つです」

「三つのことをお話しします」

と始めに口にすることにしましょう。

「えっ、三つない時でも!?」と思われるかもしれませんが、その通りです。三つなかったとしても、ともかく「三つあります」と言ってしまうのです。

そして、そのあとに考えながらくっつけていけばいいのですよ。

というのは、あるテーマについて話すとしたら、何十も話のポイントというのはあるものなんです。

その中から、どれかを選び出せば、それなりに「そうなんだ」と相手は納得してくれる

ものです。

テーマは何でもいいのです。

たとえば、「ダイエットに大切なことは三つあります」。

まあ、これは今パッと思いついたことですが、三つ選べばいいのです。

「ひとつ目はスポーツ、二つ目が食事、三つ目が、いいコーチにつく、です」

でもいいですし

「まずカロリー制限、次にイメージトレーニング、3番目が記録すること、です」

と言っても間違いではないでしょう。

あるいは「交渉の3大ポイント」は

「①力関係、②情報収集、③コミュニケーション力、です」

でもいいですし、

「ひとつ目は初回提示、二つ目はかけひき、三つ目はWIN・WINの考え方、です」

と言っても間違いではありません。

つまり、多くの中から三つをピックアップしたらいいので、始めは「思いつき」でまったく構わないのです。

この辺は、いつも練習しておいたらパッとすぐに出てくるようになります。

そして慣れてきますと、「三つあります」と言いながら、その三つを考えることもできるようになってきます。

そう、この話法でポイントを三つにしぼることは、あなたの思考力を高めるトレーニングにもなっているのです。

もちろん、あらかじめ十分な時間をとって、データ、裏付けをしっかりと準備した上で、ポイントを三つにしぼりこめばいうことはありません。

三つというのは、とても記憶にのこりやすいので、その時に万一契約がとれるとか、話がまとまらなくても後々まで相手が覚えているというのもメリットでしょう。

時間をおいて、「やはりあの時の三つにまとめたプレゼンがよかったから、彼に注文しよう」ということさえあるのです。

また、自分でも「三つ」なら忘れることはありません。

これが、「10のポイント」なんてしてしまうと、内容が正しかったとしても、「空で」ペラペラ言う、とはいきにくいでしょう。

もしあなたが、口ベタで、スラスラ言えなくてもいいのです。「三つのポイント」にまとめるということは「中身がしっかりしている」「構成がしっかりしている」話になります。

ですので、「えー」「あー」というようなノンワーズ（非単語）口癖が多くあっても、途中で言葉につまっても、あまり気にならないのです。

中身をしっかりさせておけば、あなたの説得力は増すのです。

LESSON 3

②「なぜならば」と言う

「あの人は論理的に話している」「賢い」「頭いい」「デキる」と思われる人は、英語の「WHY－BECAUSE」という流れで「思考して・話す」ことのできる人です。

といっても、いきなり何の下地もない人が「なぜだろうか？」と問題意識をもって、その考えのもとに「なぜならば」と理由づけがスイスイとできるものではありません。

まず変えていくべきなのは話し方です。そうすることによって、思考法も変わっていくものと私は考えています。

たとえば先の「三つにポイントをしぼる」というのも同じなんです。

考え方が整理されていて、三つが頭の中で組み立てられてから「三つあります」というのではないのです。

「思考↓話し方」というのではなくて、「話し方↓思考」という流れにします。

難しくはありません。先の例なら、何も考えがなかったとしても、三つありますと言った後で、考えていけばいいのです。

今回もまったく同じです。

先に「なぜならば」と口にしたあとで、理由づけをしていくことです。もちろん「始めのうちは」です。

「なぜならば」「と申しますのは」「理由は」というように、話したあとに理由を加えていくのを習慣にしてしまうと、いつの間にか「なぜなのか？」と考えられるようになってきます。

そして、その理由も思いつくのが早くなります。

つまり、**「話し方→思考」のくり返しで「思考→話し方」という流れになっていく**のです。これはすごいことでしょう。

つまり、発想力・思考力を鍛えるためには、「まず話し方を変えていく」ことになります。

何かを口にしたあとに「なぜならば」と言うのを口癖にしてしまって、ムリにでも理由づけをしていくのです。

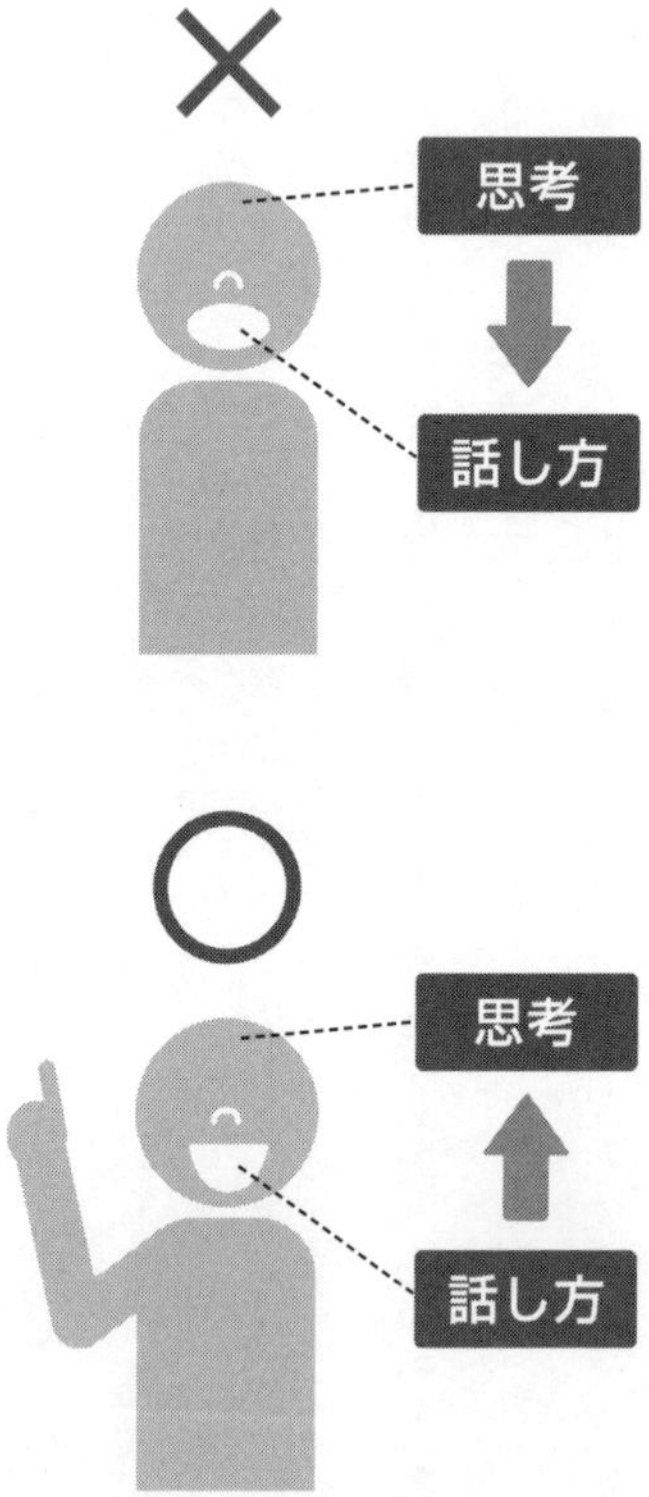

「なぜならば」と常に口にすると自然と
「理由づけ」ができるようになる。

これが習慣になりますと、まず問題意識が出てきて、理由を考えるようになって、それを話でまとめられるようになります。

これからしばらく、**自分の意見、主張、思いつきを口にしたなら、即そこに「なぜならば」とつけ加える**ようにしましょう。

「私は○○と思います。なぜならば～」

「私の意見は△△です。と申しますのは～」

「ぜひ××しましょう。なぜならば～」

という言い方をしていますと、何か口にしたあとに何も考えなくてもパッと理由づけができるようになりますよ。

LESSON 4

③比較してみせる

話のわかりやすさは、話をしている本人の「頭のよさ」を示します。逆にわかりにくく、くどくどと話をしていますと「この人は頭がワルいな」という印象をもたれてしまいがちです。

面白いことに、**話の内容があまり思いつかなくても、「短く」「シンプル」にまとまっていると、「この人、デキる」なんてよいほうに「誤解」してもらえる**こともあるんです。

どうせなら、「頭の悪い人」と思われるよりは、たとえ勘違いであっても「デキる人」と思われたくはありませんか？

話をわかりやすくするためには、立て板に水のようにペラペラ話をするというのはあまり関係ありません。また、よくあるように「ゆっくりわかりやすく」というのも、あがり症で、30年以上「話し方」を研究してきた私にとっては〝因果関係ナシ〟と言えます。

つまり、早口でわかりやすい人もいれば、ゆっくり話してもわかりにくい人はいるのです。**話のスピードは、話のわかりやすさとは関係ありません。**これは15万人以上を研修で指導してきた私が断言します。

だいたい話のスピードというのは、自分の「ナチュラルなスピード」が重要なのであって、早口とかゆっくりどちらがいいとは言えないのです。**自分が一番リラックスできて、話しやすいスピードでいい**のです。安心してください。

特に、ビジネスのプレゼンやスピーチでわかりやすくするコツは、必ず「比較・対比」を行なうことです。そして、数字を出して比較すると、「この人、ロジカル」と思われてしまうのです。面白いでしょう。

たとえば、「私どもは業界でNo・2で、1位には肉迫しています。私どものシェアは17％です」と言ったのでは、比較していませんので、どのくらい迫っているかよくわからないでしょう。

そこで「1位は業界シェア21％、私どもは12％。3位以下は1ケタ台ですので、いかにせまっているかが……」というように比べますと、話はわかりやすくなるわけです。

詳しく見てみましょう。

第1ステップ：数字を用いる

数字を用いるだけでも、不思議に「デキる人」「ロジカルな人」と思われますので、意識して使ってみましょう。「かなり」なんて言わずに「58％」とか、「だいたい」でなくて「85％」というように、常に数字入りで話すのです。

これは、新入社員の時からでも早すぎるということはありませんよ。

「お宅の社員数は?」「だいたい100名」と言わずに「104名です」と言いましょう。「創業は?」と聞かれたら、「昭和の初め」でなくて、「昭和2年の11月2日です」とはっきりさせましょう。

第2ステップ：対比データを示す

数字がスラスラ口から出るようになったら、今度はいつでも対比させるデータを示すのです。先の例なら――

「お宅の社員数は?」「はい、104名です。同業のA社が223名、B社は197名ですので、人数から申しますと業界3位です」

と言えば、「この人デキる」となるでしょう。

「約100名」とか「100人くらい」と言うより、はるかにインパクトは強まります。

比較データを出すためには、いつでも**データの前後の数字を収集しておくこと**が欠かせません。2位なら1位と3位の、3位なら1、2、4、5位というように、比較データは常に仕入れましょう。

第3ステップ：最大スケールの数字を仕入れておく

そしてもうひとつは、データを出す場合は〝最大スケール〟の数字を必ず仕入れておくことです。

つまり、「最大手のA社はシェア56%で」とか、「一番の売上はB社で27億4000万ですが……」というような言い方をするのです。

この場合も、比較データを出すのが目的であるので、多少言いよどんでも、つっかえてもまったく気にしなくていいのです。

どんなに話ベタ、口ベタな人であっても、数字やデータを出すと、相手に与えるインパクトはガラッと変わるのです。そう、もちろんプラスに！

LESSON 5

思慮深くみせる四つの技

あなたは、もしかしたらまだ誤解しているかもしれません。それは、「話し上手というのは、自分がペラペラとしゃべること」と思っていることです。

「自分は口ベタだから、もっとスラスラと言葉が口をついて出るようにしたい」

「ペラペラと〝立て板に水〟のように言葉をなめらかに話したい」

違います。ペラペラ、スラスラは別に大したことではありません。

どんなにつっかえて、とつとつと話をしていても「話し上手な人」というのはいるものですよ。

ここではあなたに「あの人は思慮深い」と思ってもらえる〝方法〟をお伝えしましょう。

私は、自分があがり症で、有名な話し方教室には通ってみましたし、話し方の本なら1000冊近く読んでみました。

でも、私は自分が「あがり症」「話しベタ」という低空飛行をしていましたが、今は「人前で話をする」のが仕事ですし、驚くことにスピーチやプレゼンを指導するまでに急上昇しました。

その私が断言します。あなたがスラスラと話せなくても、まったく大丈夫ですよ。あなたがよく人の話を聞いて、思慮深く話す人と相手に思われたなら、あなたは話し方そのものを気にしなくていいのです。いつものように、普通に話をしたらいいのです。

そこで、思慮深く思われる方法を四つ紹介しましょう。

この四つを実践することで、あなたは何と、口ベタ、話ベタのままで、思慮深く思われ、相手に信頼されて、人を動かすことができるのです。

①すぐ答えない

②意見を問う

③アゴに手を当て3秒待つ

④事実と意見をハッキリ分ける

では、ひとつひとつ見ていきましょう。

LESSON 6

①すぐ答えない

何か言われて、すぐにパッと答えるのは、一見頭の回転が速い人のように思えます。

しかし、「毎回すぐ」に答えていますと、もしかすると「あの人は軽い」「あまり考えていない」と思われることもあるものです。

一番いいのは、3回に1回くらい、相手から質問があっても答えないのです。

コミュニケーションで大切だと言われる「スマイル」も、ここではあえて出しません。むしろ、眉間にシワを寄せるつもりで、厳しい表情で「間をおく」のです。

たとえば、「何か問題がありますか?」と尋ねられたときに「そうですね、それはですね……ペラペラ」とやると、あまり考えて出した答とは思われないでしょう。

そうではなくて、同じように尋ねられたら、少々険しい表情をして「ウーン……」と間をとりましょう。

「そうですねえ、人件費かなあ」

とポツリと口にしたら、この人は深く考えて口にしたのだと思われますよ。もちろん毎回これでは重苦しくなってしまいますから、3回に1回くらい、「じっくり考えていますよ」というポーズをとるのです。パッと答えが浮かんでも、あえて少し間をとってみましょう。

「私は今、じっくり考えているんです」という意味になります。

あえて少しの間をとるのは、話はしていないのですが「話術」といっていいのです。

たとえば、プレゼンする前に紹介を受けたとします。この時に「軽い奴」「大したことない人」と思われたければ、間をおかずにすぐにペラペラと始めたらいいでしょう。

「それでは松本部長お願いします」

「ハイ皆さんこんにちは、私は営業三課の松本と申しますがペラペラ……」

これでは、あまりデキる人とは思われません。

あなたがどんなに話しベタでも、まったくいいのです。「間」を十分にとることで、落ち着いていて、思慮深い人と思ってもらえるものです。

同じように紹介されたら、あえてゆっくりと前に出ます。そのまま、「間」をとって、新呼吸するくらいでいいのです。

「……………」

何も話さないと、相手があなたに注目します。そこで「皆さん、営業三課の松本です。よろしくお願いします」とゆっくりめに、堂々と口にしたらいいのです。

間をとりながら休み休みのペースで構いません。たどたどしい話し方で十分です。時々質問が出ても、「間」をとって、すぐには答えないでください。

私はかつて強度のあがり症でしたから、すごくよくわかるんです。それは、話の最中の「間」が恐いのです。

何か言わないとおかしいと思って、間を十分にとらないで、次から次へと早口でうわずった感じでペラペラッとやります。するとますますあがってしまい、自分でも何を口にしているのかわからなくなってしまうのです。

ゆっくりと、「間」を十分にとって、**話をしないことを恐れなくていい**のです。むしろそれは、「この人落ち着いている」「この人は思慮深い人」と、あなたの評価をグーンと上げてくれることになります。

LESSON 7 ②意見を問う

前章でもお伝えしたように、あなたがあまり話ができなくて、自分を「口ベタ」と思っているのなら、簡単なことです。相手に話をさせれば、あなたはほとんど話をしなくていいのです。

「〇〇さんはどう思いますか？」

「〇〇さんのお考えは？」

と相手に話を任せてしまえばいいのです。

コミュニケーションには「話し手」「聞き手」が存在します。

話し手であまりうまくいかないなと思ったなら、相手の意見を聞けば、相手が話し手、あなたは聞き手になるので、十分にコミュニケーションは成り立つわけです。

あなたは今まで、相手に質問されて、答えに苦しみ、しどろもどろになったことはありませんか？　そんなことがあると、ますますあなたは「自分はダメだ」「私は口ベタ」と落ちこんでしまったはずです。

「松本さんのご意見は？」と聞かれて、**ちょっとでも口ごもりそうなら、相手に任せてしまいましょう**。極力ゆっくりと落ち着いて「山本さんはどう考えているのですか？」と相手の意見を尋ねるのです。

これは実行してみるとわかりますが、人に質問してくるような人というのは、すでに自分の意見を持っているものです。ですから、あなたがその人の意見を問うようにしますと、相手はどんどん、自分の意見をまくし立てます。

ここであなたは、口をほとんどはさまなくていいのです。ウンウンとうなずいたり、あいづちをうって、「相手の言っていることを頭の中でまとめ」ましょう。

うなずいて、ゆっくりとあいづちをうって相手の意見をまとめる姿を傍から見ると、「考えている」「人の話をよく聞いている」「思慮深い」という好印象になるものです。

そうなったらしめたものです。あなたは、相手の言ったことをただ要約して、そこに自分の感想・意見を加えればいいだけです。

これは、**思慮深く見せたい時のみならず、相手の言ったことにとっさに答えられない時のリスクマネジメント**にもなってくれますから、ぜひ使ってみてください。

LESSON 8

③アゴに手を当て3秒待つ

私たちの話は、「聞かれている」と同時に「見られている」ものです。

ですので、あなたは〝思慮深く見せる〟ことも考えて、併せて行なってみましょう。

話し方にかかわる本で、そんなことを主張しているものを、まず私は読んだことはありませんが、実は次のことを実効してみますとかなり効果が大きいのです。

相手との会話中に

①アゴに手を当てる

②3秒止める

これをやってみてください。

ここでも、「スマイル」はしません。むしろ、険しい表情、じっと一点を見つめながら、「考えるフリ」をするのです。

ロダンの考える人のようなポーズをとりますので、〝ロダン方式〟と名づけました。〝ロダン方式〟では、本当はあまり考えていなくてもまったく構いません。「この人、じっくり考えてるわ」と思わせればいいのです。

この時に、ただ「考える人」のようにポーズをとって、すぐに話を始めては効果は半減してしまいます。

あなたは、考える人のポーズをとって、そのままゆっくりと頭の中で数えましょう。

「イチ…ニイ…サン……」とゆっくり3秒、静止します。

それから、ゆっくりと、あなたは口を開くようにします。

「オッチョコチョイ」と思われているような人も、ぜひやってみてくださいね。

会話の途中で、あなたはあえて小休止をしたらいいのです。

「話しベタだから、なんとか上手に話をしないといけない」というプレッシャーから、休みなく話をしてはなりません。

アゴに手を当ててゆっくり3秒待つ、これでいいのです。

3秒間、険しい顔で静止！

LESSON 9

④事実と意見をハッキリ分ける

あなたを思慮深い人と思わせるには、ハッキリ事実と意見を分けてものを言うことです。

具体的には

「ここから先は私の意見ですが」

「これは私の見解ですが」

「私の考えは」

というように、自分の意見を口にする時には、メリハリをつけて「ここから先は私の意見なのですよ」ということを示さなくてはなりません。

たとえば「昨年比、本製品は売上が13％ダウンしています。私の考えでは来年度は20％を越えると思われますが」という言い方です。

なぜ、わざわざ「私の考えでは」と断りを入れなければならないのか？　それは、私たちははっきり言って、**人の話をあまり聞いていない**からです。
これは私が研修を行なっていて、何十回も体験していることです。

昨年のことですが、交渉の研修を担当しました。中身は「現場で使える研修を」という私のモットーから、学術的な部分は極力省き、すぐにでも使えるようにケース、実習、ロールプレイを多く盛りこむというものにしました。

なので、「交渉学」を期待して、座学のつもりで来る人がいるとギャップが生じます。そこで担当の方に、開講のオリエンテーションで詳しく伝えてもらいました。学術的な中身よりも実習中心でいきます、と。この担当の方は、すでに私のセミナーを受けたことがあり、内容をよく知っている方です。

ところが、アンケートをとると中に1人いましたね。何も聞いていなかった人が。
「とてもよかったです。ただ、学術的な中身と思ったので、始めはとまどいましたが……」と書いてありました。

そういうギャップをなくすために始めに言ってもらったことはまったく聞いていないの

です。そんなものです。

あるいは、研修の中で「私には大学1年になる娘がいまして……」と、少々自己紹介を入れて、人間的な側面を伝えることもあります。

現実に今までに2人いましたね。休憩の時にやって来て、私と話をしながら「ところで松本先生は、お子さんはいらっしゃいますか？」と言うのです。

日常会話よりも「聞く態勢」にある研修でさえ、このありさまです。

他は推して知るべしで、**話は聞かれていない**くらいのつもりでコミュニケーションをとる必要があります。

「これは私の意見です」

ということはハッキリ示さないと、誤解する人も必ずいますので、くり返して伝えてみてください。

事実を示して、自分の意見をそれとわかるように伝えましょう。くり返して伝えるのです。

4章

話しベタこそ使いたい

相手を引き込む
14の話法

LESSON 1

集中して聞かせる五つのスキル

一般的に「よくない」とされている話し方でも、意識的に使うと、それは話ベタな人にとっては役立つスキルとなります。

あえて「悪い」と言われていることをすると、相手が「集中」して聞いてくれるからです。

私は、どうやって「あがって」話せるかを考えています。つまり「緊張するには」どうしたらいいかをテーマにしています。

もうひとつ、笑ってしまいますが「どうしたらもっと下手に話せるのか」も考えています。

あまりにもスラスラと言葉が出てしまうので、もっと下手に、〝自然な話し方〟を求めているのです。

私の大キライな「型」にはまった話し方になりはしないかと心配なのです。

私は落語が大好きなのですが、いわゆる噺家と呼ばれる人、落語家やアナウンサーの一部の落語以外、ニュースを読む以外の〝わざとらしい〟〝型にはまった〟話し方はイヤです。

〝いかにも〟というのは、むしろあがって話す人よりも、私には嫌味な感じがします。

では、話ベタのあなたでも、簡単に集中して聞いてもらえるスキルをご紹介しましょう。多くは「やってはいけないこと」をわざとして、引きつけ、集中してもらうのです。

①言葉のヒゲをつける

②手をもじもじと動かす

③「要するに」と言う

④極限の間、をとる

⑤音を出す

では、ひとつずつ詳しくご紹介しましょう。

LESSON 2

①言葉のヒゲをつける

言葉のヒゲというのは「えー」「あー」「つまりですね」などといったノンワーズ、非単語と呼ばれる口グセです。

もちろん、どんな人にでも多少はクセがあるものですが、乱発するとそちらが気になってしまって、スピードや話の中身どころではありません。

しかし、もしもあなたがある目的をもって意識的に強く長く行なうのなら、これは有効なスキルとなってくれます。

私は「下手に話す」ために、「あえて言葉のヒゲをつける」ことがあります。

多くの人は、インタビューなどを受けると「あのですねー」「えーっと」となって、すぐに答えが口をついて出ることはありません。仮に「人前での話し方で大切なことは何でしょうか？」と質問されると、「えーっと、そうですねえー、相手の立場に立つことですかねえ」という感じです。

ところが私はインタビューでも〝あがらない〟のでパッと口から言葉が出てきます。「それは、相手の立場に立つことです」と。

ところが、あるディレクターに指示されたことがあります。「すみません松本先生、もう少し〝下手に〟話してもらえないでしょうか」と。つまり、言葉のヒゲがゼロになると、うますぎて自然さがなくなる、ということなのでしょう。

あがり症で口ベタだった私が、「もっと下手に話してくれ」と言われた時は、内心「やったな」と思いましたね。ついにそこまで来たか、と。

さて、あなたの目的は、口ベタのあなたの話に〝集中してもらう〟ことです。

そのためには、パッと引きつけてしまうことです。ここに「えー」とか「あー」を強調して口にする意味があります。

いつもよりも2倍の声量を用いて、大きな声で「えー!」と口にします。これには相手が「何だ?」といやでも集中する効果があります。

話の最中に、相手が集中してないと感じたなら、「あのー!」と大きく言います。「よく聞いてください」というのと同じ効果がありますよ。

LESSON 3

②手を動かす

もみ手をしたり、手を前で組むと、ダイナミックにジェスチャーが使えないので、プレゼンでは一般にそれらの動きはタブーとされています。

もちろん、普通の会話であっても、やたらに細かな動きがあると、そちらに相手の注意がいってしまいますから、避けたい動きではあります。

仮にプレゼンターが前に立つと、まっ先に顔に目がいきます。そして、他に「動き」があると、そちらに集中してしまいます。特に「手」は、要注意のポイントと言えます。

さて、目的は、「相手に集中してもらうこと」です。

というのは、話ベタ、口ベタな人というのは「話術」「話力」で引きつけるのは大変なので、話す前に引きつけておくのがポイントになるわけです。

「もみ手」をしていると、「エッ、何？」とほとんどの人は、「手」に集中します。

話力があれば、面白い話のひとつや二つして、聴衆をグッと引きつけられます。しかし、口ベタですと、話だけではなかなかグッと引きつけられないでしょう。

もちろん、努力して話術を磨くのはいうまでもないのです。それでも、まずは今の状態のあなたが人を引きつける必要はあります。あなたは、集中させておいて「話を聞いてもらう」という工夫をすべきなのです。そのためのひとつの方法が、「手を動かす」ことです。

それも意味のあるジェスチャーではなくて、手をもぞもぞと動かしたり、もみ手をしてみたり、指を回したりして、「アレッ?」「オヤ?」と思わせるのです。

そうすれば、あなたの動きに集中して、相手は「何が始まるの?」「何なのかな?」という状態になります。

それからあなたがゆっくりと話の口火を切ったら、今までよりもずっとよく聞いてもらえますよ。

先の「えー!」とか「あー!」という言葉のヒゲを強く言うことも併せたら、さらに効果は高まります。

「手を組む」のも、人前ではタブーとされていることです。少なくとも、手を強調のために用いるには、小笠原流の礼法のようにしっかりと固定してしまってはいけません。

手を後ろに組むと、日本では「偉そう」にしていると思われます。ですので、一般には人前では「手を組むな」というのがルールでしょう。

しかし、目的は〝集中して聞いてもらうこと〟にありますので、「あえて手を組む」ことをお勧めします。

ただ、これらは「ずっと」やっていてはいけないことですが、「パッ」と「数秒」でしたら集中させる技にもなるのです。

そこで、あなたは前に出たら、思い切って後ろ手を組んでみましょう。

「アレ?」と見ている側は思います。それでいいので、集中させたらすぐに手はほどいてしまいます。そのあとおもむろに口を開いていくわけです。

手も、戦略的に「集中してもらう」という目的のもとに、動かしたり組んだりしてみましょう。

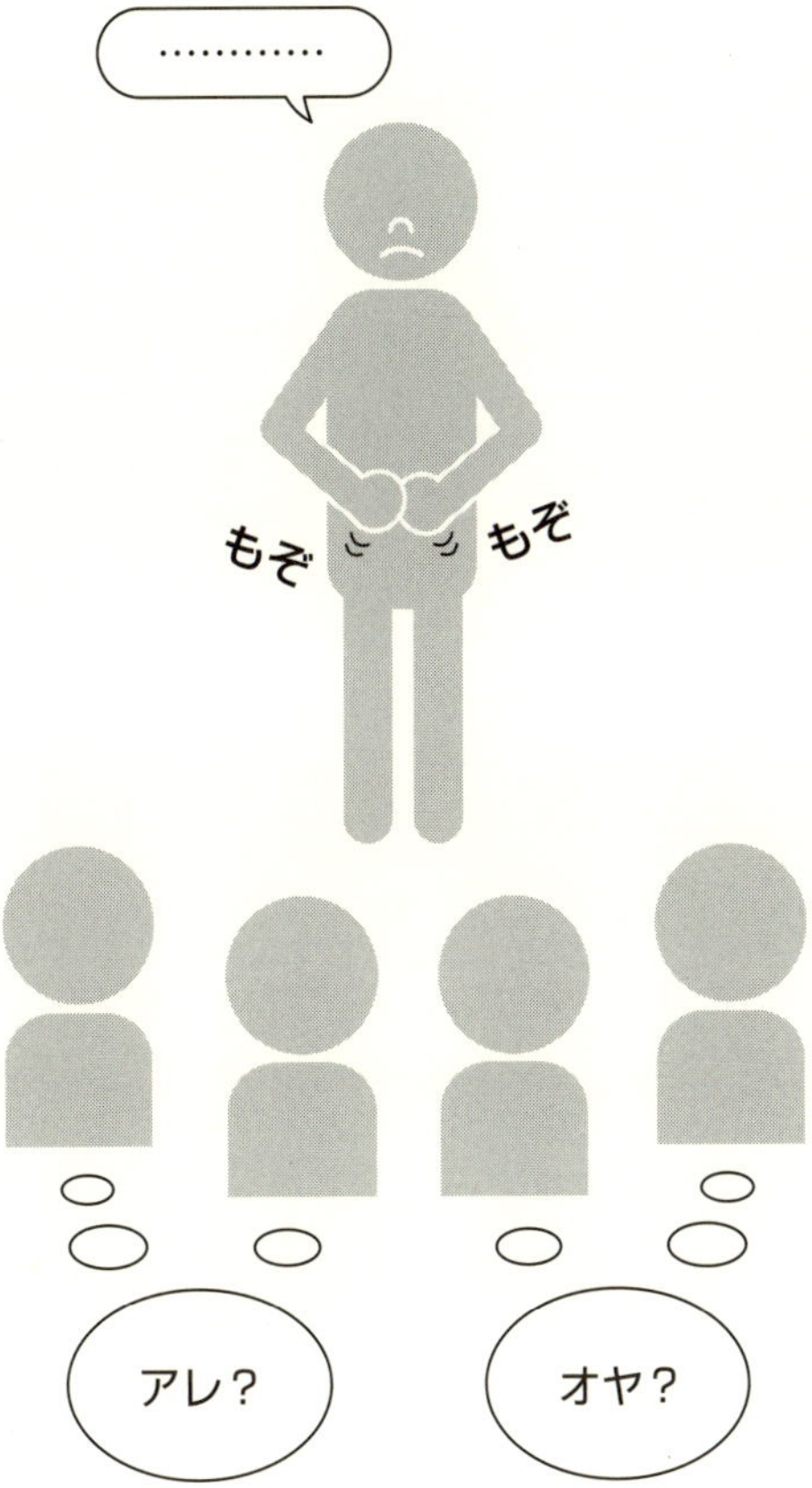
…………
もぞ
もぞ
アレ？
オヤ？

LESSON 4

③「要するに」と言う

話の上手な人は、つなぎの言葉をポイントにしっかり使っています。

「私の言いたいことは」「結論を申しますと」「ここからは私の意見ですが」「つまり」「要するに」「なぜならば」「なぜならば」というように、次に話す内容の〝フリ〟を口にします。「なぜならば」と言えばそのあとに理由がくっつくわけでしょう。「要するに」と言えば、そのあとに〝まとめ〟が続くことになります。

このようなフリの言葉をあえて口にして、強調してみましょう。特に、結論を言う前には、必ず強く言って聞き手を「集中させる」ように心がけましょう。

「要するに！」

「私の申しあげたいのは！」

「結論を申しあげます」

「つまり！」

というように大きな声を出しますと、あなたの話は相手にとって「集中して聞く対象」になります。その上で、その先は少々口ごもってしまったとしても気にしないで、とにかく話を続けましょう。

人前での話に限らず、つなぎの言葉、「前フリ」の言葉の上手な人というのは、話がわかりやすいものです。

お笑い芸人ではありませんが、前フリで、「吟じます」と言えば、「これから吟じるのだな」とわかるでしょう。これと同じで、これから何を言うのかをつなぎの言葉で示すように習慣づけてください。

まずは、持論を口にする前に「要するに」「結論は」「言いたいことは」と強く言えば、相手はよく聞いてくれますよ。

LESSON 5

④「極限の間」をとる

相手を集中させるには、何もペラペラと話すとか、気のきいたことを言うとか、そればかりではありません。繰り返しますが、**話すのが苦手な人は話をしないで集中してもらうのが一番**でしょう。

具体的には「間《ま》」を十分にとることがそれに当たります。

集中させる間というのは、実は、あなたが思っているよりもっと「長い」のです。

頭の中でゆっくりと「1、2、3」と数えてみましょう。かなり長いでしょう。そこからさらに「耐えて」ガマンして、ゆっくりと口を開く、これが極限の間です。

私は、研修の前によく、担当者から紹介を受けます。

この時に、スタスタと歩いていって、そのままズルズルと話してしまいますと「重み」がないのです。それだけで「大したことない先生」と思われかねません。

紹介を受けたら、背筋を伸ばしてサッサッと歩いて中央に出ます。端のほうでそのままあいさつをしてはなりません。真ん中まで出て、ゆっくり頭の中で「1、2、3」、さらに数秒、周囲を見てニッコリして、「皆さん、おはようございます」。これだけで「この人はプロだな」「聞くに値する」と思わせることが、今の私にはできます。

もちろんあなたも、極限にまで間をとることによって、相手を引きつけて、話に集中してもらうことができるのです。

他にも間をとるべきシーンはあります。

・大切なことを言う前
・質問を投げかけたあと
・終了のひと言の前
・聴衆の集中力が低下した時

話しベタな方なら「何も言えなくなる」「言葉が出にくい」ということはあるでしょう。これからは、むしろそれを利用してしまって「間」として活用してみてはどうですか。シドロモドロ、頭がまっ白になって言葉が出ないのではなくて、意識して「間」にしてしまうのです。

LESSON 6

⑤音を出す

話の最中に「音」を出すというのは、それが話と「関係のない音」ならタブーです。プレゼンでも、ビジネスでは「サウンドは最小限」もしくは「使わない」のは基本ルールでしょう。

もちろん、動画を見せるとか、その音がプレゼンの中身に関わるものなら、よい場合もありますね。

たとえば、工場内部の映像やスーパーの人のにぎやかさなどを「そのまま示す」というので音を流すことは〝あり〟でしょう。

あるいは、演出という意味でファンファーレを流すような場合もありますね。私も時々やっていますが。

ここでは、「自分の体で音を出す」ということです。

もちろん、場面、状況を見てということですが。

・両手で大きく拍手する
・足で床を強く踏む
・ホワイトボードを叩く
・机を叩く

なんていうのは、ビックリ効果があります。「何?」ということで、相手は集中するのです。イヤでも。

やり方としては、①確信犯的なものと、②あいまいなやり方があります。

確信犯的というのは、自分でやっているのをわかっていて、相手も知っている形です。たとえば、「一番大切なことは」と言って、手をパンと叩いて「そうですね、それは……」と話を続けたなら、集中させるためのスキルとして自分で確信犯的に〝音を出す〟ことをしたわけです。

ところが、同じ音を出すのでも、「本当に本人が意識的にやったかどうかわからせない」というやり方もあります。

私が、口ベタを自認しているあなたには、まずやってほしいのはこちらなのです。

やり方としては、「音が出てしまった」という状況を演出します。当然、相手は集中するでしょう。

たとえば、「物を落とす」のは自然にできますね。

ボールペンでもテキストでも本でも、ドサッとかコトンとか音が出ますね。

当然、「何?」と相手は集中します。これをねらって、〝わざと〟落とすのです。

もちろん、誰も〝わざと〟あなたがやったとは思わないでしょう。

これであなたは、「音を出すことで相手が集中する」というのが、感覚としてはっきりわかるはずです。

乱暴ですが、マイクを落とすと、かなりすごい音になりますよ。もちろん相手は即、集中してくれます。なぜ知っているのかは、あえて言いませんが。

始めは、本当に本人がやったとは思わせないであいまいな感じで音を出してみましょう。

「物を落とす」以外にも、何となく咳ばらいをしてみるとか、自分で小さな声で「アレ?」なんていうのも相手を集中させることに役立ちますよ。

パン
ドンッ
コトンッ

LESSON 7

⑥会話を盛り込んで話す

私は自分と同じ話し方の「プロ」を多く知っていますが、ごく市井の人にも、「上手だな」という人はいます。

私はそれをとても〝落語的〟だと思うのですが、「会話入りで話す」というのは、プロ的に聞こえるものです。たとえ本人にその気がなくても。

落語なら、1人で何役もこなしますから、当然「会話」が入ってきます。

1人で八っつぁんにもなれば、熊さんにもなります。

粗忽長屋は私の好きな古典落語のひとつですが、これも私の好きな5代目志ん生の18番のひとつでした。2人のそそっかしい男の「掛け合い」を、臨場感たっぷりに「話して」「演じる」わけです。

「お前は死んでいるよ」

「起きたばかりでそんな気がしないや」

なんていうそそっかしい〝会話〟は、見所、聞き所でしょう。

さて、このようなイキイキとした会話を、ぜひともあなたの話の中に盛りこんでみて欲しいのです。

「先方の上司に会いましたら〝冗談じゃない〟と言われました」

「女房からは〝あなた今日は遅くても大丈夫〟とは言われたんですが、やはり誕生日ですので……」

「〝課長ガンバッテ！〟という声で励まされましたね」

などというのはすべて、会話が盛り込まれた話になります。どうですか、文字にしても、イキイキと感じられるでしょう。

これは「直接会話」を盛りこむという話法です。

間接的に入れるのではなくて、常に生き生きとさせるために、「マネ」をして、直接入れましょう。

いくつか例をあげます。

×「先方の部長の話ではダメでした」
○「先方の部長がダメだよと言うんです」

×「バイヤーは乗り気でした」
○「バイヤーはぜひ頼みますよと言いました」

×「彼女、つき合うのＯＫしてくれました」
○「彼女、いいわよ、とＯＫしてくれました」

直接そのときの会話をそのまま盛り込んでみましょう。

LESSON 8 ⑦ことわざ、熟語、古典を引用する

あなたが多少口ベタでも、ことわざ、熟語、古典等を引用すれば、まったく気になりません。

それどころか「頭のいい人」「教養のある人」と思われますよ。

この原稿は朝の4時に書いていています。たまたま民放の朝までやっている対論番組を観ていたのですが、テーマは「政治とオカネ」でした。

そこでも、上手な人はパッと故事などを引用して話をしていました。たとえば「李下《りか》に冠を正さず」という故事です。

元は、李《すもも》の木の下で冠をかぶり直そうとすると、下手すると盗んでいるように見えるので、疑いを招くようなまぎらわしいことをするな、ということです。

たしかに、政治家に言える言葉でしょう。

この手の言葉は、あなたのお気に入りを**週に1回は、引用する**ようにしてみましょう。

私は本を書くという仕事がら、手元には4、5冊のことわざや熟語、故事の辞典が置いてあります。本の中に何ヶ所か入れると、「ナルホド」と読者が思ってくれますし、私自身の教養にもなります。

今、パラパラとその辞典を見ていて、「今度使おうかな」というものが目に入りました。「あきらめるな」「やめるな」といったテーマで書いているものがあって、私が目につけたのは「孟母断機《もうぼだんき》の教え」でした。「物事は、途中で投げ出してしまってはいけない」ということです。

孟子が、勉強を途中でやめて家に戻った時のことでした。孟子の母は、機《はた》を織っていた手を止めて、その糸を断ってしまいました。途中でやめるのは、この機織りの糸と同じだと戒めたというのです。

たしかに、わかりやすいですね。

ここだけの話ですが、私は他にも「有名人のエピソード」を集めています。ちょっとした「ひと言」は、とてもいいウンチクになります。ひとつ、二つ紹介しましょうか。

まずは私の好きなボクサーの1人、モハメッド・アリの言葉。

アリの名セリフはもちろん「蝶のように舞い、蜂のように刺す」ですが、こんなことがありました。

ある時、新聞記者に

「アリさん、ゴルフはどうですか？」

と聞かれました。

すると彼はこう言ったのです。

「オレが一番うまいよ。まだ始めてはいないけどね」

すごい自信、そして自己暗示の達人ですね。見習いたいな、といつも思うんです。

「松本先生、ビリヤードってどうですか？」

「ああ、一番うまいよ。まだ始めてないけど」

なんて言ってみたいですね。

「松本先生、ハングルは中級ですか、すごいですね。ところで、広東語は？」

「うん、一番うまいですよ、まだ習ってないけど」

ああ、言ってみたい。

私は格闘技とか武道が好きで、専門誌に記事を書いていたほどのファンです。なので、今度は柔道の先人の言葉から。

今の時代にぴったりなのが、この講道館の創始者、近代柔道の父ともいえる、嘉納治五郎の言葉でしょう。

「人生は、〝なあにくそッ！〟この精神ひとつで十分だ」

まさにこれが当てはまるでしょう。今の時代は。

LESSON 9

⑧偉い人の言葉をもち出す

あなたがどんなに口ごもったとしても、「権威」があれば、話を聞いてもらえるものです。

社内では社長や上司の言葉、これを用いると、とても力を持てますよ。特に、あなたの主張と同じ内容でしたら、ぜひ「上司の力」を使って主張しておきましょう。

「部長が先週の会議でおっしゃったように、これからは新規開拓が欠かせないと考えます。そこで、こんなプランを考えました……」

と言えば、あたかも部長の意向でもあるかのように思わせることができるのです。

「ムダな会議を減らせという定例会議での社長のお話でしたので、私は、次回の会議は半分の時間で……」

と言えば、社長の言葉のように錯覚する人もいます。そこまでいかないにしても、社長に正面から反対することは難しいので、あなたの提案は通りやすくなるわけです。

ひとつだけ注意点は、派閥が異なっていたり、ライバル視していたり、嫌っている相手の前でその人の名を出してしまうと、逆に「ノー」と言われる可能性があることです。

仮に、山本課長と田中課長が敵対関係にあったとします。

山本課長の前で、「田中課長は、こう言っていましたが」などと言えば、「それがどうした」「私は違うやり方だ」となりかねないのはおわかりでしょう。


裏技ですが、上司と同じような〝服装〟をするのも、ハロー（後光）効果となって、あなたを〝実力以上〟に見せることに一役買ってくれます。大きな声では言えませんが、私も短期間のサラリーマン時代にやってみたことがあります。もちろん、効果絶大ですね。

仮に上司が、紺のブレザーにエンジ系のネクタイをよく締めているのなら、あなたもそれと合わせるのです。

ちなみに、私は「ＬｉｋｅイコールＬｉｋｅ」なんて言っています。

Ｌｉｋｅには「好き」「似ている」という意味があります。つまり、私たちは趣味や考え方、好みが似ている人が好き、ということです。

服装を合わせることで上司に好かれるということもあるのです。

LESSON 10

⑨面白くズームアップして話す

芸人さんの話の「ネタ」ってありますね。おそらく100％のフィクションではないのでしょうが、ノンフィクションでもありません。本当にあったことをネタにして、それをヒントにふくらませ、ズームアップして、面白く話をするわけです。

私は、プライベートの話はそれでいいと思うのです。もちろん、ビジネスプレゼンではなくて、ごく内輪の話とか、友人とか、プライベートでは、ということです。

つまりこの項目は「プライベート限定」「オフレコ用」の話法というわけです。

本当のことではなくて、〝脚色〟してしまいましょう。そのほうが楽しいですから。あたかも子供が3、4人の友人を「みんな」という感覚です。

「人はあんまりいなかったんですが、そう4、5人並んでいたかな」

では、インパクトがありません。

「すごい人が並んでいて、24、5人はいたよね」

と言えば、たくさん人がいたんだなあと思われるでしょう。

つまり、プライベートでは**正確さよりもインパクト**なのです。あなたが口ベタであっても、このようにインパクトをつけたなら、相手は聞き入ってしまいますよ。

ある劇画作家が、170センチ台、80キロくらいの柔術家を倒した木村政彦の例として、ブラジルで2メートル、100キロ級の大男を一本背負いで倒して腕をそのまま折った、という表現をしていました。

たしかに相手は大男のほうがインパクトは強いし、「強さ」を強調するという目的にかなっているわけです。一本背負いではなく、腕を外したのは事実ですから、これは「演出」の範囲内の表現でしょう。

もちろん、法に触れるとか、人に多大な迷惑がかかるような時には使ってはいけません。

が、ごくプライベートの会話で面白くしたほうがいいのなら、ズームアップして、できるだけオーバーに話してみましょう。

何といってもそのほうが、文句なく引きつけることができますよ。

LESSON 11

⑩楽速悲遅のうなずき

相手とペースを合わせることをペーシング（PACING）と呼びます。

もちろん、話の中身を合わせるのはおわかりでしょう。

「私は、サッカーが大好きなんです」と言われたら、どうすればペースは合いますか？

もちろん、「私も好きなんです。日本も強くなりましたね」と言えば、相手からは好かれますし、話ははずむものです。

あるいは感心して「すごいですね」「さすが！」と驚くことも、ペースを合わせるひとつのやり方といっていいでしょう。

さらに、あまり言われないことですが、相手とボディランゲージを合わせてペーシングしていくことも欠かせないのです。

仲のいいカップルは、1人がコーヒーカップに手をとるともう1人もとり、1人が体を伸ばすと、すぐに1人が伸ばす、というように動作があたかも鏡のように似てきます。

これも、一種のペースが合うということになるでしょう。

ここで、私は「うなずきを合わせる」というやり方を紹介しておきます。これは「話し方そのもの」ではありませんが、大切なことですよ。

相手の話の内容によって、あなたはうなずきのスピードを合わせます。

楽しい内容↓速く、浅く

悲しい内容↓遅く、深く

「ねえ、昨日ディズニーシーに行ったんだけどさ……」と楽しそうなら、「へーエ、どうなったの、ウンウン」と浅く、スピーディーにうなずいて、あいづちを打つとペースがピタリと合います。

逆に「ちょっと、今落ちこんでるんだけど、実は……」と悲しく深刻な内容なら、ゆっくりと深くうなずいて、あいづちを打つのです。

うなずきのペーシングは**楽速悲遅**と覚えておきましょう。

「型から入る」というのも、相手とのコミュニケーションをよくするのに欠かせないことだと知りましょう。

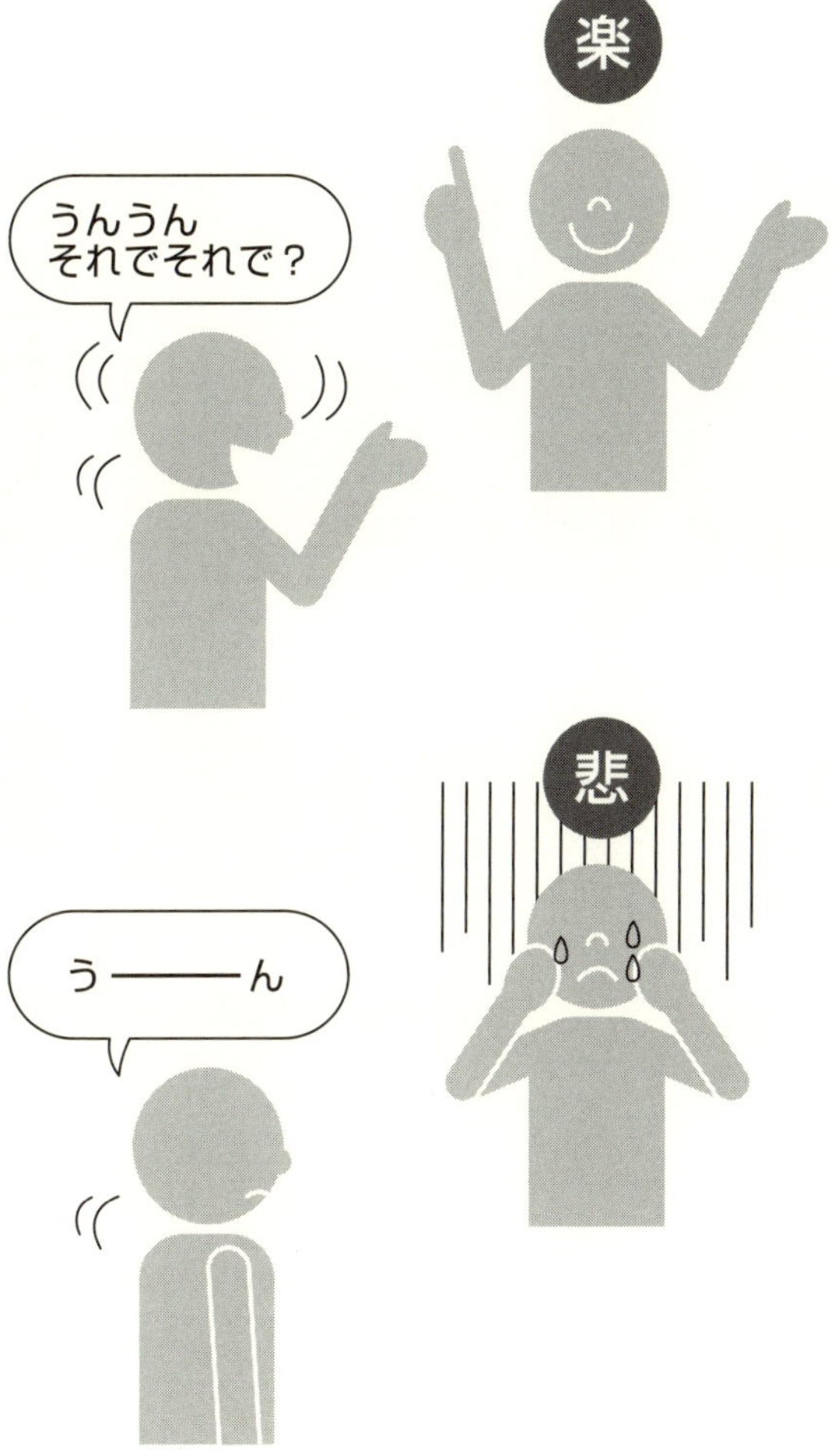
楽
うんうん
それでそれで？
悲
う――ん

LESSON 12

⑪視線は楽高悲低

相手とペースを合わせるということは先述しました。ここではもうひとつ、話を聞く時の「変わった」ボディランゲージについて触れておきます。

アイコンタクトをするとか、あいづち、うなずきというテクニックはごく基本ですから、聞いたり実践したことはあるでしょう。

ここでは、「相手の話の内容に合わせる」ボディランゲージについて触れます。

これは視線の「方向」です。

悲しい話、深刻な内容　↓　視線は下に
楽しい話、嬉しい内容　↓　視線は上に

ということです。

「ねえ聞いて聞いて」と相手がウキウキして話しかけてきたら、あなたは「やや上向き」

になってみましょう。

この辺は私の今の研究テーマなのですが、「相手の状態に合わせた適切なボディランゲージは何か」ということです。

今の段階では、この「相手が楽しい時は上に」、逆に「相手が悲しい時は下に」視線を向けるということです。

ですので、「ちょっと言いにくいんだけど」とか「残念なんですけど」などと相手が口にしたら、あなたは即座に、うつむいて、下に目線を向けるわけです。

楽高悲低の目線で、相手の状態に合ったボディランゲージ、この場合は聞く「体勢」をとってみましょう。

楽

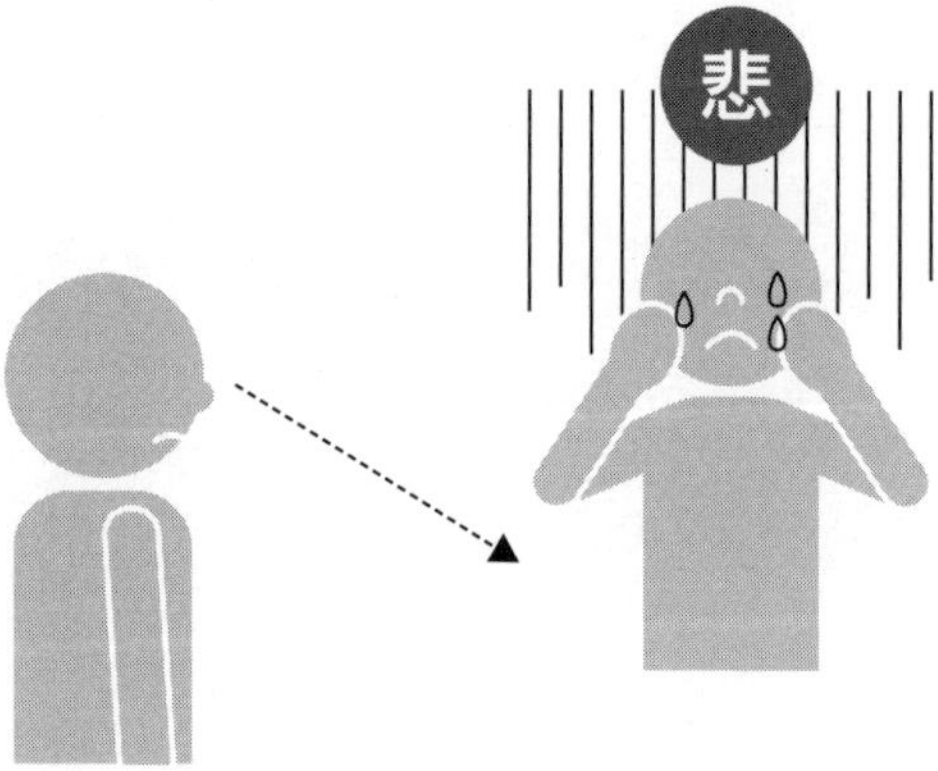
悲

LESSON 13

⑫話は要約しながら話す

私たちは、人の話を聞いていながら、常に他のことを同時に考えていることが多くあります。

私も研修インストラクターをしていて受講者に質問をしますと、必ずといっていいくらいにクラスの中で「ぼーっ」としていたり、「他のことを考えて」いる人がいるのです。ですので、「田中さんの意見は?」などと質問して、「え? 何ですか?」などということはよくあります。そう、質問そのものをまったく聞いていないのですから、答えられるわけがありません。

以前はそんな場合、「あっ、いいですよ」と言って次の人に質問していました。

ただ、そのやり方は、あとでイヤな思いを残してしまうこともありそうなので、この頃はやり方を少し変えました。

それは、質問とその背景を**要約して伝える**ことにしたのです。

すでに1回説明して質問していますから、「聞いていないほうが悪い」とバッサリ斬り捨てるのもいいかもしれません。

ただ、要約して再度チャンスを与えたほうがおそらく、本人にとっては「よかった」と思われるので、変えたのです。

「ということで、大人数の時に、視線はどのあたりに向けるのがいいでしょうか？　山田さんはどう思いますか？」

「ハイ、最前列です。近くて見やすいから」

「井上さんは？」

「私は、その人の見やすい中段ぐらいの列の人だと思います」

「なるほど、背の高さがありますから、立った時に自然に目が合いやすいですね。では、下村さんは？」

「エッ、何ですか？」

と、下村さんのように聞いていない人がいるのです。以前はすぐに、

「いいですよ。では、斉藤さんは？」

とやっていましたが、今はこんな感じです。

「エッ、何ですか？」

「今、アイコンタクトを一番始めに聴衆の誰に向かってするのがいいかを聞いているんですよ。話しかけやすい前列、背の高さがあるから自然に目がいくまん中あたりという意見が出てるんです。どうでしょうか？」

と要約してまとめてあげたら、さすがにもうよく聞いていますので、「そうですねぇ。私も前列かな……」と答えてくれます。

「実はすべて一理ありますが、この場合は、自分の届く声の大きさを決めるということで、最後列の人、というのが正解です。後ろの人に聞こえれば、全員に聞こえますからね」

という風にしています。どうですか、そのまま斬り捨てて他の人にふるよりは、親切だとは思いませんか？

実はこれ、話を聞いていないのがはっきりわかった時では、もしかしたら少々タイミングが「遅い」のです。

ですので、私は、質問などをする前には必ず要約して、今までのポイントをまとめてから、ゆっくりと質問するように心がけています。

私たちの話は「聞いていない人がいて当然」と思って、話のポイントにきたり、話が長くなったり、質問の前などになれば、要約してまとめることを必ずやってみてください。

一番恐いのは、相手が本当は聞いていないのに、「聞いていたフリ」をすることなのです。なので、タブーは「○○って知ってますか?」という類の言い方です。

「知りません」とハッキリ言える人はいいのですが、中には知らないと恥ずかしいと思って「聞いたことはあるけど」とか「エエ」ですませてしまう人も多くいるんですよ。知っているつもりになって話を続けるとあとでトラブルのもとになりますね。

一番いいのは、「○○知っていますか?」ではなくて「ご存知かもしれませんが、○○、つまりこうこうこういうことで……」とひと言つけて、要約してあげることです。

これなら、知っていても再確認ですし、万一知らなくても相手はメンツが立ち、恥をかかないですむものです。

私だって、「松本先生△△って知ってますか?」と聞かれ「ええ、だいたいは(研修用語だけどよく知らない。かといって知りませんなんて言えないし……)」なんてやってしまうのですから。本当は、勇気をもって「知りません、教えてください」と言えたらいいんでしょうが……。

LESSON 14

⑬キーワードを強調する

会話の中でキーワードがはっきりとしたら、あとはあなたは〝あいまい〟な言い方をしてもいいのです、安心してください。

たとえば

「私共の昨年度の売上は7％ですが、伸びました」

と言いたい場合、すべてを均等に言わなくていいのです。他はわかりにくくても

「……昨年度の……売上……7％……伸びました」

と、キーワードのみ強く言って、あとはモゴモゴとしてしまっても、大意は通じるのですよ。

すべてをはっきりと話す、というのは、もしかしたらあなたにはキツイことかもしれませんね。

ですから、始めは「キーワードのみ」でいいですから、パッと口に出してください。

会議の発言でも、すべてを理路整然に話そうと思っていたら、なかなか挙手もできないでしょう。

この世界「言った者勝ち」という面はありますよ。

「鷺を烏と言いくるめる」ようなムリなことをペラペラ言うことはないのです。

ただあなたはポイントのみ、キーワードのみをはっきり口にしたら伝わります。

「えー、私はその見解には賛成でして、……あのー……やはりデザインを改良して……競争力をつけていけばぁ〜〜」

なんていうからわかりにくいのです。

「賛成します。……デザイン……改良して……競争力……」

というように、キーワードは強く大きく言って、あとの言葉は小さくサーッと言えばいいのです。

キーワードだけ口にするのは、ある意味話の〝手抜き〟でしょう。

でも、話ベタ、口ベタは「手抜き」のほうが気楽に、安心して話していけるのです。

LESSON 15 ⑭自分の土俵で話してしまえ

どんなに話しベタの人であったとしても、イキイキと自信をもって話している場面があります。

どんな場面でしょうか？

それは、自分の好きな分野、得意な分野、趣味の分野といった〝自分の土俵〟で話をしている場面です。

もしかしたら、それはペラペラ、スラスラということではないかもしれません。しかし、その場面では間違いなく「自分は話しベタ」ということは忘れてしまっています。気にしません。もちろんこれは、話の聞き手、相手も同じなんです。あなたが話しベタなんていうことは感じません。

もちろんこれは、仕事上でもまったく同じです。

ＳＥのスペシャリストなら、自分のシステムエンジニアの「分野」では、話しベタではないのです。営業のプロフェッショナルなら、営業についてなら一家言ありますから、話しベタにはなりません。

私は、あがり症でどうしようもなかった時代から、自分の趣味の分野の武道とかヨガの話でしたら、あがりはまったく気になりませんでした。これは私の相手も同様であって、私が得意な土俵に入ってしまったら、「この人あがり症」なんて、まったく感じないのです。

なので、まったく「今のまま」「ありのまま」のあなたであったとしても**自分の土俵で話をする**ようにしたなら、苦労は必要ありませんよ。

1章で「相手を土俵にのせること」の重要さについてお話ししましたが、「自分の土俵で話す」ことも同じくらい大切です。

私はよく取材を受けますが、かなり早い段階に自分の「土俵」に入ってしまいます。すると、自信をもって、熱意をもって話ができますから、相手は「この先生は自信があるな」「熱意のある人」と思ってしまいます。

結果として、取材に入ったとしても、そのペースで話ができてしまうものです。

今はさらに進めて、自分の得意分野に置き換えてビジネスの話をしていくことが多いので、聞き手に対しての説得力はグーンと高まっています。これは、「応用」になるでしょう。たとえば、こんな感じです。

「私は格闘技が好きなのですが、何でもありというバリートゥードという形があります。つまり、投げ、つかみ、殴る、蹴る、すべてOKということです。もちろん、その中での技の変化というか戦い方の進化はあります。しかし、技のバリエーションということになると、ルールを細かく、厳しくしたほうが発達していくのです。

投げるのも、つかむのも、倒すのも、蹴るのもダメというボクシングは、パンチのバリエーションが一番多く、技は発達していくのです。

顔面を殴ってはいけない、つかみ、投げてもダメとしたフルコンタクト空手の流派が、キックのバリエーションは多くなって、技は進化していくのです。つまり、制約があったほうが、ノールールよりも発達する面はあります。

これはビジネスでも同じで……」

とやりますと、そのあとのビジネスの進化なんていう話をしやすいし、とてもよく聞いてもらえるわけです。

先述しましたが、私は、格闘技や武道については、専門誌に連載を書いていたくらいに知識があって、いわば格闘技は私の土俵です。

半素人だったある団体の方のような「気合いが入っていますねー」なんていう間の抜けたコメントとは訳が違います。

ですので、自分の土俵で話をしていれば、話しベタなんか関係なくなります。

結論をまとめると、

- **自分の得意分野をもつこと**
- **その得意分野の話をすること**
- **得意分野の話を関連づけて話すこと**

これによって、話しベタなど恐くなくなります。

5章

話しベタこそ使いたい
上手に主張する技術

LESSON 1

弱気に主張する裏技

あなたは、自分の意見を主張することができますか？

私は少なくとも、あがり症の時代には難しくて、とても自分の主張をするということはできませんでした。

ただでさえ口ベタなのに、さらにその上に自分はこう思う、自分はこうしたほうがいいと思うなどとは言えなかったのです。

しかし今になってわかるのは、何も主張というのは「強気でガンガン」言うことだけが「手」ではないということです。仮に強気でなくても、そう、弱気であったとしても、自分の意見を主張することはできるのだということです。

以前、出版社の友人に頼まれて、美術を学んでいる学生に、「本の表紙」のイラストを描くのを頼んだことがありました。

やや漫画チックなイラストを、私は気楽に、その学生に頼みました。

すると、

「アノ……エ……ちょっと……」

と何かハッキリとしません。途切れ途切れにこう言うのでした。

「私は……自分の美術は……自分の納得いくのだけを描きたくて……今回はできません、イラストはイヤで……」

答えはノーだったのです。

私はペラペラと、今後のいい経験になるとか、ほんの少しの時間でとか、さまざまに話をしましたが、「えー、やっぱり……アノ、ソノ……ムリです……」と、ノーなのでした。

つまり、学生ははっきりとした態度でノーと言ったのではありませんが、のらりくらり、ズルズルと煮え切らないまま「ノー」というのは崩さないわけです。

私は、口ベタの人のノーは、これでいいなと思うのです。

はっきり、理由や具体例をあげて、ロジカルに強く「ノー」と言ったり、自己主張できる人はいるでしょう。

しかし、あまりはっきりと口にして相手の気分を害したり、ケンカをしたくないと思う人なら「あいまいな態度で主張」というのもひとつの話し方でありませんか。

ただし**主張は変更しない**のです。この学生のように、何を言われても自分の立場は変えないわけです。

するとどうなるのかというと、決裂といいますか、言い分は通るのです。

何を言われても、あいまいに受けながら、しかし自分の主張は曲げない話し方。あたかも柳の木の枝のようなものでどんなに強く当たろうとしても、柔らかく吸収してしまって、手ごたえはないのです。

これは、実は本当のタフネゴシエーターであり、実は最強の主張法なのかとも思ってしまいます。

弱気で自己主張ということもあるんですね。

LESSON 2

相手に選ばせる話法

あなたは、はっきりと自分の立場を貫くのには、やや抵抗があるでしょう。

ごく普通の人なら、多少相手と争っても、トラブルがあっても、「話すこと」「説明すること」で切り抜けることはできます。しかし、あがり症、話しベタ、口ベタな方にとっては、自分の立場を貫くのはかなりやっかいなことでしょう。

なので、なるべく言い方をソフトにして、「争わないですむ」ように、「ノー」とはっきり言わないで、今まですごしてきたかもしれません。私もそうでした。

今はおかげさまで、かなり「言える」ようになってきました。年齢や立場が年とともに上がってきたので、以前よりは言いやすいということもあります。

なにしろ、以前は20代で「先生業」をやっていましたから、大半は自分よりも年上です。そういう人たちを「教える」のは、かなり大変でした。こういう人に「こうしてください」「ああしてください」と行動を促したり、やや命令するような時には、かなり気をつかいますし、下手すると従ってくれなかったりします。

視線をかえて、ペアを変えて、リフレッシュの意味で「席替え」をすることは多くあります。ところが20代の私が「では皆さん、ここで席を替えましょう」とやりますと、ちょうど今の私の年令くらいのオヤジは、中には動くのが面倒で「全員がぐるぐる回ったらあまり意味がない」なんて言って、協力しない人もいました。

座る位置そのものが変わると、目線も見え方も変わるので、本人にとってもプラスなのです。が、仕方ありませんね、「命令されたくない」わけです。

そこで、場合によっては「ゲーム風」にすることがあります。「では2人でジャンケンしてください。勝った人が引っ越しましょう。荷物をまとめてくださいと言うと、半分以上の人が引っ越しか、などと笑いながら自ら移動していきます。

命令して動かさないのはいいことです。あなたが「こうしろ」というのではなくて、「選ばせる」のは有効です。

選択肢はだいたい「二つ」で十分です。その中から〝相手に選ばせる〟のです。こういう形にしますと、相手も命令されて動いた気はしません。

セールスでいう「二者択一話法」は、使うといい結果が出ます。

つまり、まだ購入を決定していないうちに
「お買いになるとしたらAタイプとBタイプどちらがよろしいですか?」

「ドイツ製と国産なら、どちらでしょう」

というようにして選ばせるわけです。

メリットは
・押しつけではなくて自分で選んだ感じになる
・二つともノーというのは、相手の人間心理としては口に出しにくい
ということが大きいでしょう。

たとえば先の席替えなら、すでに席替えを前提として、「では席替えをしたいのですが、次の休みあけか、昼休みのあと、どちらがいいですか?」という言い方をします。

すると、人間心理からして、「両方ダメです」とは言えないものです。

「そうだな、昼休みあけかな」とか「早いほうがいいや」とどちらかを答えてくれます。

私は「モテたい」と思って、女の人を食事に誘う話法を研究しました。これは周囲の人

や、受講者に聞いてアンケートをとった上で出した順位です。次の四つに順位づけしてください。どの言い方が一番モテるでしょうか。

a　何食べようか？

b　中華にしよう。

c　中華とイタリアンどっちがいい？

d　中華とイタリアンどっちがいい？　僕はイタリアンがいいけども。

一番ダメなのは、相手にふってしまって、自分も決まっていないタイプです。

相手の意見を聞いてはいるようですが、頼りなくなってしまうわけです。

次に、自分のことだけを言うタイプ。人によっては、こういう人を引っ張る強引な人もいいということはありますね。

次が二者択一、つまり選ばせるというやつです。「じゃあ中華」とか「今日はイタリアンかな」と言いやすいでしょう。

理想なのは、二者択一にプラスして、自分の意思を加えるタイプです。

ただし、これは相手のタイプによっても変わりますから、一概にはいえませんが……。

いずれにしても、「相手に選ばせる」ようにしたなら、〝命令〟でさえ聞いてもらえるようになります。

「明日は残業だ！」

ではなくて、

「明日はどうしても残業しないと、このプロジェクトは間に合わない。9時まで、もしくは8時まで、どちらなら皆の都合がつくかな？」

と言えばいいのです。

LESSON 3

デメリットにも触れる

ここでは、「営業」にも活用できる話法をご紹介しましょう。

通販、テレビショッピングでは、商品のメリットをこれでもかこれでもかと伝えます。

「大型画面です」「画質は最高」「安いですよ」「長持ちします」

すべてメリットばかりです。さあ、どう思いますか？

これは、お見合いのプロフィールのようなもので、「容姿はいい」「学歴もいい」「仕事はできる」「性格もいい」と、メリットのオンパレードになるでしょう。

どう思いますか？

そうです、何らかのデメリット、マイナス面もないと私たちは信用しないものです。

「大型画面で画質は最高です。ただ、他よりも重いので、運ぶのが大変です」

と言ったほうが、信用されます。

「容姿はよくて頭もいいのですが、料理が今イチで」

のほうが、すべていい人よりも人間らしいわけです。信用されますね。

もちろんいくら言ったほうがいいからといって、デメリットばかりでは相手はイヤになりますから、10のうち1、2混ぜておくくらいのサジ加減が大切です。

商品説明、人の紹介、あるいはあなたのお気に入りの趣味や、好きな分野のことであっても「デメリットに触れる」ことによって、相手はグーンと「納得度」を高くするのです。

「テニスはいいよ。今は室内も屋外もできるようになったし。外で天気の日なんか気分はいいし、おいしい空気はすえるし。世界でも愛好家は多いし、見ても楽しいしね。ラケットとボールだけでできるから費用もゴルフなんかに比べたら安い」

といいことづくめですと、聞いている人も「何だ」となります。そこで、

「ただ、相手がいないと1人じゃできないのがちょっとね」

「年をとるとヒザの関節に負担がかかるから水泳と比べたらあんまりムリできないね」

と言ったほうが、むしろテニスのよさが伝わるものなんですよ。

メリットだけでなく、ひと言デメリットにも触れる、このことであなたの話の信用度は高まります。

LESSON 4

もしも、の話法

もしもあなたが言いたいことを口にしにくいタイプであっても、「もしも」という仮定のもとでなら思い切ったことも言えます。


「もしも希望が叶うとしたら、私は広告宣伝部に行きたいんですけども……」

「もしも可能だというのなら、10月に連休をとって、ドイツに旅行したい」

「もしも……」

とつけるのなら、あくまでも仮定の話ですので、話は広がりをみせるものです。


昔読んだ雑誌に、女性の心をつかむには先の「二者択一」に「もしも」をつけて選ばせたらバッチリ、なんて載っていました。

私は、それを信じて彼女に使ってみたのでした。

「春休みに旅行行く人多いみたいだね。ところで……」

ここからが〝話法〟です。

「もしも外国に行くとしたら、ヨーロッパとアジアどっちがいい?」

すると彼女は言いましたね。

「もしも行くならヨーロッパかしら。フランスの古城なんかいいなあ。でも、あなたとは行かないけど」

——なるほどと納得させられましたが、少なくとも「両方ノー」ということはまずないのだけは確かです。

「もしも」とつけてさらに「二者択一」でせまれば、いい、それなりに成果は出ますから、チャレンジしてみてください。

LESSON 5

「私の立場だったら」と言う

あなたは「他の人になれない」のですから、「私だったらこうします」「私なら、そうはしないのですが」と言われても、とても困ると思います。

どうしようもないことを言われると、相手は正面から反論することはできなくなります。

ですので、時々「私の立場だったら」という言い方で、相手の反論を封じこめてしまう話法を使ってみましょう。

「私の立場だったら、どうでしょうか？　とてもそうは言えないと思います」

というのは、ムリなことを言われた時の切り札となる言い方です。

なぜなら、そう言われても、相手は絶対にあなたそのものにはなれないからです。

ご主人が奥さんに

「あなたが私の立場だったら、そんなことは絶対に口にできないはずよ」

と言われたら「ハイ、そうですね」としか言えないかもしれません。

「お父さんが僕の年齢なら、必ず買っているはずだよ」

これも、「そうだね」としか言えないわけです。

あなたは今の例のように、奥さんにも子供にもなれません。これは、どんな立場の人であっても同じです。

本当に相手の立場に立つのは、本人以外はできません。せいぜい想像して、共感するくらいでしょう。

ですので、

「もしもあなたが私だったら」「私の立場にいたら」というのは、何も言わせなくする話法として有効なのですよ。

LESSON 6

上手なノーの言い方はこれ

語尾をはっきりさせず、最後まではっきりいわない〝話法〟は、すでにご紹介しました。ところが、この言い方は、「ノー」とはっきり断わらなくてはいけない場面では、あまり向きません。

相手に押し切られてしまう可能性があるからです。

もちろん、場合によっては、はっきりしないことが「ノー」の意味で、通ることもあるでしょう。

「今日は一杯行かないか？」と言われて、「あの……ちょっと……」と断わるやり方もあります。本章の頭でご紹介したようなやり方です。

ただ、相手が強気ですと、「ノー」にならないこともあるわけです。

「どうだい、今日は残業してもらえないか」と強気の上司から言われたとします。先の言い方ですと、押し切られてしまうでしょう。

「あの……今日は……」

「どうしても納期のせまっているプロジェクトだから、お願いしたんだ」

「えっ、は、はい……」

なんていう具合になります。


おそらくあなたも、「はっきりとしたノー」が言えないがために、不服なのに受けてしまったことはあるでしょう。

では、どういう「ノー」が上手な言い方、断わり方となるでしょうか?

相手がどんなに強気であったとしても、パワーがあるものは〝事実〟です。明らかな事実というのは、どんな場合にもあなたの話に力を与えてくれるものです。

第1ステップ:短く力強いひと言

「すみません」

「申し訳ありません」

というように、ノーと言ってしまいます。このくらいの長さなら、あまり話し上手でない人であっても思い切って口に出せるでしょう。

第2ステップ：事実を口にする

「来週の納期の案件を三つかかえています。今さらに手をつけますと、間に合わなくなると思うんですが……」

事実を言ったあとは、ごにょごにょしてもいいのです。

第3ステップ：代案を出す

「もしも明日の朝でしたら、1時間は手伝うことはできます。あるいはお急ぎでなければ、来週の木曜日以降ですと大丈夫ですが、いかがでしょうか？」

ここでのポイントは、代案を二つ出すことです。「A、あるいはBならどうでしょうか」という言い方です。

代案を出すメリットは

①手伝う気はあるというやる気を示せること
②心理として二つともにノーと言いにくいために、どちらかになる可能性が出ること

③頭のよさを示せること

などがあります。

身近な例で、たとえば友人から食事の誘いを受けたとしましょう。

「ねえ、来週の10日の日空いてる？ よかったらおいしいコラーゲン鍋行かない？」

先の話法でやってみましょう。

「ゴメン！ 10日はどうしても早く帰れそうにないのよ。追い込みのプロジェクトがあって、10日は一番忙しくなりそう……。どうかしら、その次の週の13日とか14日ならどちらもいいけど。あるいは、来月ならまとめて休めそうだから、土日はさんで旅行に行くのはどう？」

という形です。これなら断わられた側も、まったくイヤな気分にはならないでしょう。

今まで、「その日はダメ」「あの……その……」なんて言っていた人は、こんなノーの言い方もあると思ってください。

LESSON 7

代案を上手に出す

ノーと言う時に代案を二つ出す、というのはご紹介しました。

「代案を出す」というのは、仕事でもプライベートであっても、相手に全面的にイエスと言えない時には、いつでも有効と思っておいてください。

「ムリです」「ダメです」「すみません」だけで相手の言い分を蹴ってしまいますと、相手にはイヤな気分だけが残ってしまうのです。

ですから「ＯＫしたいのですが、今回はムリ」ということを示すために、代案を出すわけです。しかも二つ。

二つ出すのは、どちらかならＯＫと言われる可能性は出ることと、本当は条件が合えば協力したいというのを示せるメリットもあるのです。

ですので、ビジネスシーンでもお勧めと言ってよいでしょう。

たとえば、価格をまけてくれとバイヤーに言われた営業マンなら、パッとこういうような形で代案を出してみます。

「ちょっと高いなあ、なんとかならないのかな。この価格だとムリだよ」

「わかりました、もしもこれ以下にということでしたら、①5台以上にまとめていただけたら考えます。②あるいは、納期を2週間先でもよいのでしたら、いかがでしょうか」

というように、代案を二つ、パッと出すわけです。

もちろんこれは、ひとつの例ですが、あらかじめ相手が言いそうなことを「想定」しておいて、代案を二つ用意しておくことも考えておきましょう。

プライベートなら、「あなた、ゴールデンウィークに沖縄旅行はどうかしら」と家族から言われたものの、あなたには取引先の接待でどうしても外せない〝休日出勤〟があったとします。つまり「ノー」なわけです。この時にも代案を出すわけです。

「どうしても間に仕事が入っていて沖縄は難しいんだ」

このノーのあと、代案二つです。

「1泊だったら、箱根あたりなら行けるよ。あるいはどうかな、夏休みなら、ハワイでも休みをとるようにしとくけれど」

というようにパッと代案を出すわけです。

日常レベルでも、「中華はダメだけど、フレンチか和食ならいい」とか、「ウイスキーはダメだけどワインか焼酎なら」というように、ノーのあとに代案二つというのは、応用の効く話法だと思ってください。

LESSON 8

自信を示す5大ルール

私たちは、自信のある人の言うことを信じますし、魅力を感じて動かされるものです。

話しベタ、口ベタそのものよりも、そのことで「自信のなさ」が伝わってしまうことが大きな問題です。

また、「自信」を示すことができたなら、その人は〝話しベタ〟というレッテルではなくて、「自信のある人」「人を動かす人」「リーダー」といったプラスの評価を得られます。

では、どうしたら自信を示すことができるでしょうか?

つまり、こうしたら「自信のある人に見える」という方法です。

私は自分のあがり症、話しベタ克服の体験から、次の五つを「自信を示す特効薬」としてあげています。

これらは、単にそう見えるというばかりでなく、実行していくことで、本当に体の内側から自信の湧いてくるすぐれ技と言えます。

①断定する
②話のポイントでスマイル
③同意を求める
④長いアイコンタクトをする
⑤「せめての法則」を使う

では、ひとつずつ説明していきましょう。

LESSON 9 ①断定する

話しベタの人が改めるべきは、「自信のなさを示す話法」を知らないうちに用いていることです。

自信のない話法というのは、

「たぶん」「おそらく」「……と思います」「……考えます」

というように、あいまいな印象を与える言葉を使うのです。

たとえばプレゼンテーションで、

「私の今日の提案を採用いただけたなら、たぶん売上は15％程度あがるのではないかと思います」

ちょっと自信がないでしょう。

次のものと比べてください。

「必ず売上が15％上がり**ます！**」

つまり断定しますと、自信を示せるのです。この時には、

「絶対」「必ず」「～ます」「……です」

と言い切ってしまいます。

「思います」「考えます」も、じゃまですからカットしましょう。

断定的な表現は、「自信を示す」のが商売である業界では多用されます。たとえば政治家なんかそうですね、皆、力強く断定しています。そうしなければ有権者の心をつかんで票を入れてもらうことはできません。

こんな自信のない政治家がいたらどうでしょうか?

「たぶん当選することがもしもできれば、おそらく新幹線の駅を誘致する可能性は多少は出てくるとは思いますが……」

ダメでしょう、もっと自信を示さなくては。

「必ず、新幹線の駅を誘致します！　自信があります！」

と言い切らなくてはいけないのです。

「できます」「自信があります」「お任せください」

などという言い方も、断定に加えて多用しましょう。

もうひとつ、文の始めに「私は」とつけますと、「自分の意思のある人」と思われます

から、意識的につけて話してみましょう。「私は」とつけると、仮に「思います」がつい

たとしても力強さを感じさせることができます。

「**私は**、新幹線の駅が誘致できると信じています」

これも、自信を示す言い方です。

注意して政治家の答弁などを聞いていますと、「私は」とつけなくていい所につけてい

る人もいますから面白いものです。自信を示す言い方が習慣になっているのですね。

「私は、戦後50年、我が党は……」「私は、日米関係について肝心なポイントは」

などと、文脈からしておかしなところでくっつけていることもあります。

断定表現で、必ずあなたの自信を示せます！

LESSON 10

②話のポイントでスマイル

人前で話す場合には、スマイルはその人の「余裕」や「自信」のメッセージになります。少人数ですと「友好的」なメッセージになるので、多用していいことのひとつです。

私は今、作家の他に研修インストラクターという仕事もしています。そこでは、**意識的なスマイル**をとり入れています。

話のポイントに入る前、ちょっとした話の間、質問する直前、というような、話している最中の〝ポイント〟で必ずスマイルを入れるようにしているのです。

新入社員が、汗水たらして懸命にプレゼンをしていたら、それに対して「好感」をもつものです。が、そこに自信とか余裕は感じないでしょう。

慣れてきますと、一生懸命さに加えて、スマイルが出せるようになります。

すると聴き手は安心できますし、話し手に対して「この人は自信を持っているんだな」「余裕があるね」というイメージも抱くものです。

私なら、「自信のある人」の言うことは信用しますし、よく聞いてみようと思います。

もしも話しベタの人に注意することがあるなら、**決して自信のないように思われてはいけない**ということです。前項でお伝えした通り、スラスラと話をしなくても、今述べているような断定形で「私は」を多用していますと、自信があるように思われます。さらに合間の話のポイントでスマイルを入れたらいいのです。

ただし、頭でわかっていても、実際にやってみると思ったように完全にはできません。私は今では、ナチュラルなゴールデンスマイルが出せるようになっています。しかし当然、始めたばかりの頃は、ひきつってしまったり、笑いになっていなかったものです。

1回ではできませんが、くり返すうちに必ず自然にスムーズにできるようになりますので、「思いきりスマイル」を入れてみましょう。

思いきりやっているつもりでも、実際に撮ってみますとそれほどでもありません。思いっきりスマイルするつもりで、ちょうど微笑くらいの感じになりますから、あとはくり返しですね。

LESSON 11

③同意を求める

人に話を「ふる」というのは、話しベタな人がどんどん用いるべきやり方のひとつでしょう。つまり、話すのが苦手なら、自分の話す時間そのものを減らしていけばいいのだという発想なわけです。

人に話をふるという方法の中でも、私が何回か使われて「この人にはノーと言いにくいな」「自信があるな」と思った言い方があります。

ただし、これはパワーがあるので、上司や先輩が部下や後輩に使いすぎると、下手すると嫌われかねないので多用してはならないのですが……。

どういう言い方かというと、話の区切りがついて、自分の主張をしたあとに加えてこう言うのです。

「**そうは思いませんか？**」

これに名前をつけて

「**松本クン、そう思わないか？**」

と言われてしまうと、部下なら決して「いいえ、違います」「そう思いません」とは言えないのです。

結果としては主張が通りやすく、自信を示せるものです。

身近な人に「同意を求める」というこの話法、まずは1回使ってみてください。

会議の発言のあとに、「全員に」投げかける形もあります。

「ということで、改善されるものと信じています。**皆さんそう思いませんか？**」

と言われてしまうと、「思いません」とは言いにくいものです。また、「そこまで言うのなら自信があるんだな」というように思われるわけです。

まずは友人との会話といった日常のレベルで試してみてください。

「田中、そう思わない？」「中村さん、そうは思いません？」

なんてやっていますと、ビジネスシーンでも自然にパッと口から出るようになってきますよ。そう思いませんか？

LESSON 12

④長いアイコンタクトをする

アイコンタクトをしないで話をすると、自信がないと思われる、嘘をついているのではと思われる。ですから、しっかり相手の目を見て話しましょう。

——ということを、外資系の会社にほんの少し関係していた20代の頃、上司から言われました。もともと、偉い人の目を見て話すなどという文化のなかった日本の場合、ネクタイの結び目あたりを見て、などと面接のマニュアル本には書かれていたことがあります(今でもそういう本はあるかもしれませんが……)。

それが今では、はっきりと「相手の目をしっかり見ましょう」とか「アイコンタクト」などと書かれているものも見受けられます。

そうは言っても、話しベタの人、口ベタの人にとって、しっかりとアイコンタクトをして話すなどというのは、やりにくいものです。

よくあがり症を直すには、「人の目を見ろ」とか「プレゼンの最中にはアイコンタクトをしろ」と言います。正しいことです。

私もプレゼンの指導をしていますから、やはり「ワンセンテンスはアイコンタクトをして、1人の人に話しかけるつもりで話しましょう」と教えています。が、これは「あがらない人」「話しベタでない人」用の心構えであって、しどろもどろで頭の中がまっ白になった人には、とうていできない〝応用技〟と言っていいのです。

まずは、**話しやすい人、目を合わせやすい人にだけ〝長く〟アイコンタクトをする**、これだけやってみましょう。

特に、人前でのスピーチや、グループでワイワイ話をしている時など「1対多」の場合には、ぜひ行なってみてください。自信のある時には、私たちは人の目をしっかりと見ることができるものです。

話をしているすべての時間にアイコンタクトするのは、できないことですし、不自然です。ただし、「自信を示す」という目的で、何人かにしぼりこんで「少々長目」のアイコンタクトをしたなら、あなたは自信があるなと思われます。ぜひ、実行を。

LESSON 13

⑤「せめての法則」を使う

自信がある人の共通点、これは「型」が、自信のあるものとなっている点です。

これを

せ……背
め……視線
て……手（ジェスチャー）

の三つのポイントとして、私は「せめての法則」と名づけました。

つまり、この三つの「せ、め、て」を注意しますと、自信があるように見えるのです。

少々の話しベタで緊張していたとしても、周囲からはまったくそうは見えなくなります。

私は、プレゼンの指導をしているときに、「本人があがって緊張しきっていても、周りの人はあまり気づいていない」という光景をよく見ています。

「もう、あがってしまって何を言ってるのかわかりませんでした」とプレゼンターがコメントをしても、私を含めて聴衆は「堂々としている」と思うことが少なくないのです。

せ……背

背筋をしっかりと伸ばして、胸を張る。ただし、上虚下実という言葉があります。上半身の肩、首、腕、胸などに余分な力が入っていますと、緊張度は高まります。

ここは余分な力を抜いてリラックスした状態（虚）にしておくのです。首を回すとか、肩を上げ下げしたり、ストレッチしたりして、リラックスしましょう。

力が入るのは、おヘソの下の「丹田」です。下腹に力が充実している状態（実）であれば、背筋をしっかりと伸ばすとあがりません。「あがる」というのは体の重心が丹田になくて、「上に」「あがる」ので、フラフラしたり、足がガクガクするわけです。

め……目

視線は一点に。目がうつろで、視線がフラフラしてしまっては自信は示せません。背筋をしっかりと伸ばして、しっかりと前方の一点を見ます。

もちろん、会話をする時には、聞き手とアイコンタクトは心がけます。が、話しベタのあなたは、先述のように「時々しっかりと長く」アイコンタクトすることだけを心がけたらいいでしょう。

て……手

自信のある場面、強調したい時には、力をこめたジェスチャーをしてみます。拳を握るガッツポーズのような形とか、空手チョップ風に上から下に力をこめて手をおろすとか、大きなアクションが入りますと、じっとしているよりもダイナミックな話になりますし、自信も示せます。

また、「手を動かしながら話す」と、リラックスできるものです。これは、話しベタ、口ベタの人には大きな福音と言ってもいいでしょう。

自信を示すように意識していますと、それはやがて「本当の自信」となります。ふりをすること、行動することは、あなたの心の状態も変えてしまうのです。モーション（行動）がエモーション（感情、心）を変えていくのを知りましょう。

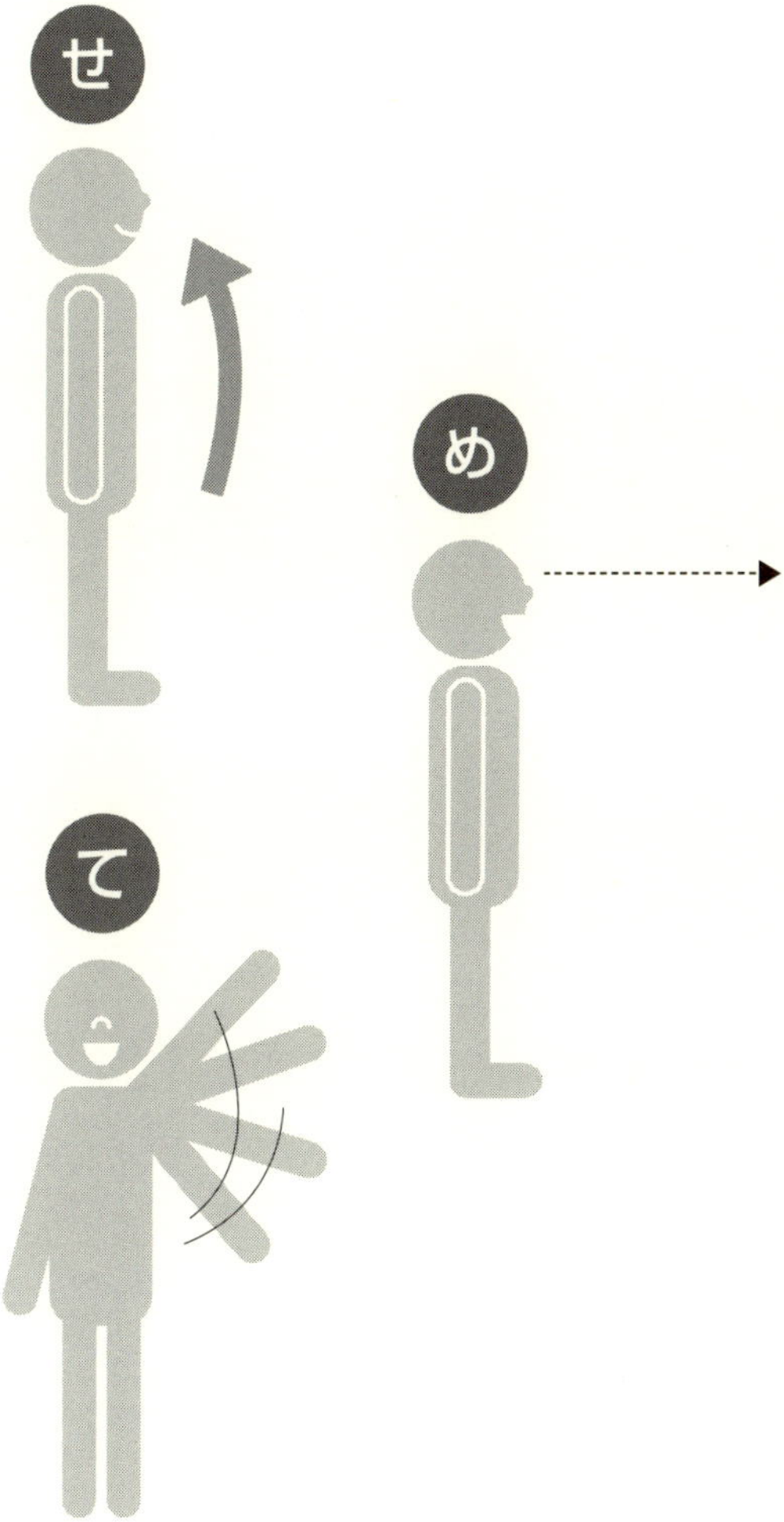
せ
め
て

6章

話しベタでも大丈夫!

人前で堂々と話すための6大ルール

LESSON 1

人前での話し方6大ルール（話しベタの方向け）

話しベタの人でも、プレゼン・会議、小集団活動等々、「人前で話す」という機会は多くあるものです。

その場合には、一般にいう「人前での話し方のスキル」はそのまま使えないことが多いのです。これは、私自身のあがり症の体験からしても、あるいはプレゼンの研修インストラクターとして指導している経験からも言えることです。

たとえば、「1人の方とアイコンタクトをして話しましょう」というのは「ごく普通の人」に対しての、スピーチのルールのひとつです。

ところが、あがり症の人や、話しベタの人はそれどころではありません。

「何を話しているのか自分でもわからない」という〝まっ白〟〝しどろもどろ〟の状態の人が、どうして1人1人にアイコンタクトなどできるでしょうか。

私は今、自分の体験もふまえて「普通の人」と「あがり症、口ベタ、話しベタの方用」

とハッキリと分けて、スピーチ、プレゼンの指導をしています。

つまり、普通の人向けの人前での話し方のポイントは、これらの人にとっては、つまりは本書の読者であるあなたや、昔のあがり症の頃の私のような人には「ハードルが高すぎ」るのです。

ですのでこの章では、「ハードルを下げて」の、人前での話し方のルールをお伝えします。

この考え方は、〝初公開〟と言っていいでしょう。

口ベタ、あがり症向け、私は最近そんな話し方について語っているのですが、一般の話し方のスキルは、「ごく普通の人向け」が大半なのです。

では、安心して、読んで実行してください。ハードルは下がっていますからね。

LESSON 2

①話しかけやすい人に話す

まずは、アイコンタクトとか、声のボリュームとか、普通に言われる注意点はすべてパスしましょう。あがって、話しベタで、人前に出ることが苦痛というあなたには、まっ先にやるべきことがあります。

それは**話しかけやすい人を探す**ということです。

これは、「話術」「話し方」以前の問題ですが、一番大切なことです。

話しかけやすい人のバロメーターは

・スマイル

・うなずき

・メモ

です。これらをしている人は、あなたにとって肯定的な聴衆ということなのです。

加えるなら、あなた（プレゼンター）の近く、会場の前方に座った人も、前向きなのです。もちろん、席が決められていて前に座ったのではなくて、自分から進んで座ってきた人ということです。

これらの反対はネガティヴな人ですから、少なくともスピーチ、プレゼンの始めの段階ではあまり見ないようにしましょう。

慣れている私でも、イヤな気分になったりします。「この人、何でいるの？」という感じです。具体的には、以下のような人です。

・苦虫をかみつぶしたような恐い顔
・腕組みして首を横に振る
・メモをとらず聞き流す
・会場の後ろに座る（すぐ帰れる、休けいにはすぐ席を立てる）

さあ、話しかけやすい人を見つけたら、とにかく自分の持ち時間は「その人に話しかける」つもりでいいのです。持ち時間の8割は、その人を見て話をしてみてください。

これだけでも、気分がグーッと楽になり、あなたの話はいつもよりもスラスラと口をついて出てくるようになります。

何よりも、スマイルやうなずき、メモによってあなたは安心して話せますよ。

LESSON 3

②とにかく持ち時間いっぱい話す

先述したように、アイコンタクトとかジェスチャーを効果的に使うなどは、ハードルが高くて、話しベタな人には「それどころではない」ものです。

まずは**話しかけやすい人に話す**、このことは、必ずやるべきことです。

その上で、もうひとつの注意点は、プレゼンやスピーチの自分の「持ち時間」いっぱいに話をするということです。

つまり15分が自分の担当なら、決して途中でギブアップしてはいけません。

ネバーギブアップの精神をもって、持ち時間は、どんなにしどろもどろになろうが、苦しかろうが、やめてはいけません。「自分は持ち時間いっぱい話ができた」という達成感、自信が、そのあとに生かされます。

「自分は前回、時間いっぱい話ができた」という自信は、あなたの話を少しずつ、力強く、説得力のあるものへと変えていきます。

自信があれば、話しベタなどどこかへ行ってしまいます。

人前でのスピーチには自信、英語でいうとアースクエイクが大切なんです。

というのはギャグですけども。


もしかしたら、強度のあがり症で口ベタなあなたなら、15分のところも、始めの5分で「降板」してしまっていたかもしれません。

しかしこれは自信をなくしていくための方法なんです。

「自分は持ち時間話ができなかった」

という失敗体験が、あなたをますます、人前のスピーチに自信がない、という考えを植えつけてしまうからです。どんなに小さくても、ぜひ成功体験をしてほしいのです。


一番必要なのは、この持ち時間話せたという、自分がやりとげたという達成感なんです。

中にはそれすらも「ハードルが高すぎる」という人もいるかもしれません。その場合、目標を細分化して、ハードルをさらに下げてクリアしていくことが、成功体験=自信をつけてくれます。

・スピーチの中であー、えーというのを3回以内に減らす
・3人以上の人にうなずいてもらう
・1回はニコッとする
・あいさつを大きな声で言う
・大きなジェスチャーを1回は使ってみる
・強調したい所を1回だけ大きく話す

など、あなたなりの低いハードルを設けて確実にクリアしてみてください。

その度に、あなたは成功体験をくり返して、やがては持ち時間いっぱいを、自信をもって話せるようになりますよ。

LESSON 4

③動く

「動く」というのは、他のスピーチや話し方の本では、見かけないものです。が、話しベタの人から上級者まで、プレゼンやスピーチでは、「どこに立つか」というポジショニングは、一番と言っていいくらいに重要なのです。

また、「動く」「動きながら話す」というのも、どんな人でも共通して身につけたいスキルです。

私は、「動くことの大切さ」ということを、あがり症を軽くするのに欠かせないものだと〝実践〟の中で気づきました。私は修行時代に、偉いコンサルタントの先生方のカバン持ちやアシスタントをしていました。その中で、ほんの1、2分、その先生方を紹介することがありました。

始めは直立不動でやっていましたが、これはダメです。緊張が異常に高まってしまい、足がガクガクしてきます。走りすぎじゃないですよ。あがり症が原因で……。

ところがある時、ちょっと歩くようにして、2、3歩動いて話しました。するととても気が楽になったんです。そのあとも、少し体を動かしながら話しますと、すぐにリラックスできるのがわかりました。

じっとしていてはますますあがることを私は見い出しました。

今では、動画であらゆる情報、といっていいくらいの膨大な情報をネットで見ることができます。アップル社を設立したスティーブ・ジョブズのプレゼンなども、動画で見ましたが、リモコンマウスを手に持って、会場を左右に動いてプレゼンしているのを見ると、私の「今やっている」ことと同じで、驚いたものです。会場を横方向に動くというのは、私が10年かかって到達した〝動き〟だったからです。

私の場合は、研修のように「長時間」のプレゼンが多いので、一か所にじっとしていると「聴衆の目線が固定される」ため、それを嫌って左右に動いています。

この動きは、余程の「プロ」でないとやりません。というより、やれません。が、場合によってはあがってしまったり、言葉がスムーズに出ないあなたにも、やってみてほしいスピーチの最中の動き、なのです。

私は寄席に行った時に、じっと座って話をする落語の合間に、マジックショーや漫才

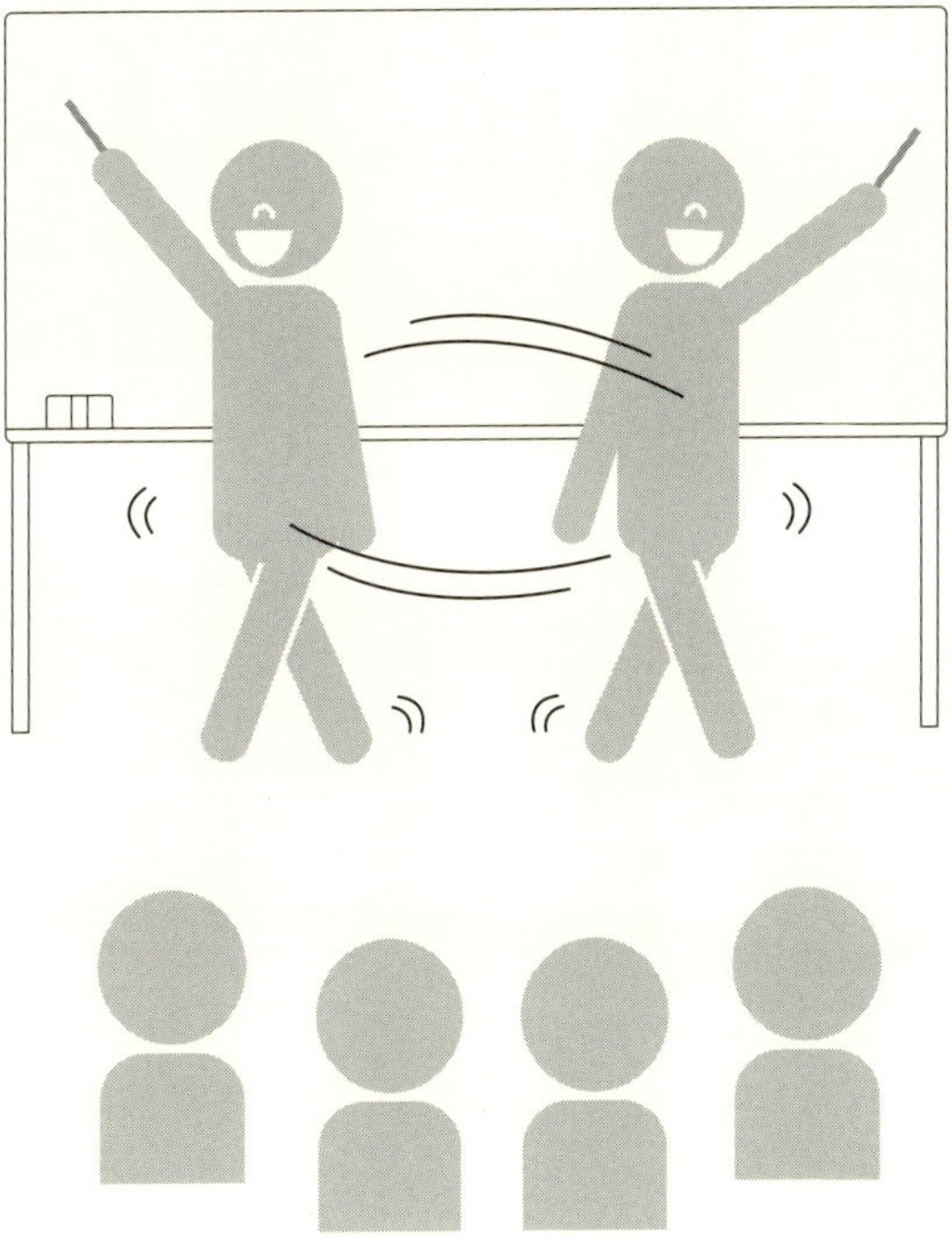

で、聴衆の視線が左右、上下に変わることに気づきました。視線が変わると、目がパッとさめて、リフレッシュできます。

私が会場を左右に動くのは、同じ効果もあります。聴衆が、私の動くのに合わせて、視線を左右に動かすからです。

これは「上級者」向けです。が、ハードルを下げた人向けでは、そのような意味から行なうわけではありません。

体が動くとリラックスできる、体が動くと表情が変化する、という二つの理由から、動いて話をするといいのです。

あがったら動く、リラックスできるから。

もちろん、あまりめまぐるしく動いては問題ですが、あなたは「動く」ことによって、今までよりもずっと、人前でのスピーチは楽にできるようになります。

始めは、1歩踏み出して話すとか、横に体を動かしながら話すようなことから始めましょう。すぐに、その効果は実感できますよ。

LESSON 5

④避難してもいい

さて、先に言いましたように、「持ち時間いっぱいとにかく話すこと」なんていうのは、人によってはプレッシャーになりますね。

あなたには、あまりプレッシャーを感じてほしくないので、時と場合によってはという条件つきで、〝避難〟も認めましょう。

つまり、「今日はどうしてもあがってダメ」とか「これ以上ムリ」となったら、その日は避難してしまっていいのです。

でも、毎回はダメですよ。万一の時のみ。

では、プレゼンやスピーチでの避難とはどんなものがあるでしょうか？

これは、〝保険〟をかけてスピーチして、その保険を使ってしまうことになるわけです。

つまり

・一時、休憩時間にする
・展示物を回す
・スライドに注目してもらう
・配布資料を配る
・司会者に任せる
・テキストを読ませる
・指名する
・質問タイムに切り換える

といったようなことが、〝避難〟にあたります。

つまり、あなたが聴衆の視線を一身に浴びて話すのではない所に〝逃げてしまう〟わけです。

場合によっては、嘲笑の中に〝サクラ〟を入れておいて、イザという時に質問してもらったり、配布物の手伝いをしてもらうことを、あらかじめ用意しておくのもいいでしょう。

タイミングとしては、パニック状態になってしまってからではなく、もう少し前の状態で理性で判断して〝避難しよう〟としてください。

そして、ひとつだけやってほしいのは「一人反省会」です。

つまり、なぜ今日は避難しなくてはならないほどにあがったのか、しどろもどろになったのかの原因をはっきりさせておくことです。

たとえば、前日の睡眠不足とか深酒でしたら、「次は体調を整えておこう」となるでしょう。

あるいは、反対質問があってから、しどろもどろになったのなら、「これからは、もっと反論に対しての想定質問を考えて、答え方のリハーサルをしよう」と準備に目が向くことでしょう。

避難してもいい、ただし、反省すべしなのですよ。

LESSON 6

⑤ポイントのキーワードと数字はメモせよ

「頭がまっ白状態」、私があがり症の頃、よく経験したものです。

自分でも何を言っているのかよくわからないし、果たしてどこまで話したのか、話のストーリーも飛んでしまっています。

実は、ここまでいってしまう前に手を打つべきなのですが、ここではそうならないための助けになる「スキル」をひとつご紹介しましょう。

それは「メモ」です。

これは、あまり細かくないほうがいい。むしろラフなスケッチといいますか、本当にキーワードだけでいいのです。

たとえば、私がタイムマネジメントの研修を9時から10時20分までの第一講でやる場合、キーワードにしたらこんな感じです。

・アイスブレーク

・タイムスタディ（時間の使い方分析）ペアで
・3分間の体感
・3分間でできることメモ
・カミナリ療法
・やりたいことを書き出す
・一講の復習

1時間20分のプレゼンは、この7項目のメモだけで十分なのです。

何回も話をしていたら、メモだけで十分ですし、今は別に何も見ないで何時間でもスピーチできます。

あがったり、しどろもどろになる前に、あなたのスピーチの主なキーワードを記したメモをチラチラと見ましょう。

そして、今自分は「どこの話をしているのか」をしっかりとキーワードでチェックしていきましょう。

あがり症で、話しベタの人がこのようなことをまったくしないで話を進めてしまいますと、「現在地」がわからなくなってしまい、ますますパニック、ということになるわけです。

キーワードはいわばマイルストーンのようなもので、「あなたのスピーチが今どこにきているのか」を示してくれるのです。

地図をもたずに出発してはなりません。キーワードをメモして持っておくのですよ。

もうひとつは数字のメモです。

あがりをもどしていくのに、数字は力強い味方です。

メモを見ながら、「えー、前年度のシェアはですね……」などと言っているうちに、だんだん冷静になってきます。

「25・4％になっています」と数字を口にしますと、さらに心は安定してきます。これは面白いものです。

また、数字はメモを見ながら口にすると、「正確に言おうとしている」という好印象にもつながり、一石二鳥です。

LESSON 7

⑥一理三例、具体例をあげよ

たとえあがっていても、話ベタであろうとも、話を「わかりやすく」することは簡単です。

それは「具体例」「実例」をあげていけばいいのです。

たとえば、データを出して、理屈で「今残業が増えて社員の疲労がピークです」と言うよりも、具体例のほうがはるかに力があります。

「私どもの課では、疲労からくるストレスで7人のうち3人が胃かいようになりました」と言えば、大変だなというのがわかるでしょう。

「LANケーブルが多すぎて、整理されていなくて困る」と言うより、「ケーブルに足を引っかけて、ころんでしまった」と言ったほうが、わかりやすいのです。

私の研修はリピート率が高くて「わかりやすい」と言われます。

その秘密のひとつが、具体例、実例を盛りこんで話をするということにあります。

昔から一理三例と言って、ひとつのこと、理屈、理論は「最低三つ」の具体例の提示によって説明せよと言われます。

たとえば、私自身が強度のあがり症だったことを示す例として、よく次のようなことをあげます。

1．小学生時代、先生の出した質問がまっ先にわかったのに手をあげて答えられなかった。

なぜなら、先生に指名されて、1人で立って話すと顔が赤くなり、あがっているのがわかるのがイヤだったから。

2．初恋の女性に「好きだ」とハッキリ言えずに、フラれた。小学校3年の時のこと。やっぱり原因は〝あがり〟。

3．あまりにあがり症がひどくて、何とかしようと日本中の有名な話し方教室に通ったこと。そのくらいにヒドいものだった。

どうでしょうか。「私はそこまでヒドくない」という人は多いでしょう。

あるいは、「最近、私の本は人気があって」と言わずに、「研修の参加者が20人いると、必ず2、3人は〝松本先生の本を読みました〟と言う人がいるんです」と言ったほうが、スゴイな、となるでしょう。

あるいは「私は本を書くスピードが速い」よりも、具体的に「年に20冊書いています」「時速4万字、400字詰めで100枚書けます」と言うほうがよく伝わりますね。

まずは、今のままのあなたの話し方で、十分です。ただし、具体例、実例、体験談を語ってみましょう。そして、ひとつといわずに裏付けには「三つ」出したなら、説得力はグーンと高まりますよ。

LESSON 8

あがり症克服の三つのステップ

あがり症の克服については、私は日本でも第一人者を自認しています。

私の強みは、自分自身が強度のあがり症を克服して、今では研修インストラクターという「人前で話すのが仕事」になっている点です。実証しているのは、強いでしょう。

また、私は自身がそうだったので、あがり症や話しベタの人の考えがよくわかるのです。すでに『アガリ症を7日間で克服する本』『話ベタを7日間で克服する本』でその対処法は説いてきました。

もうひとつの私の強みは何だかわかりますか？ 研修をイノベーションして、マイナーチェンジしていっていることです。もちろん、執筆も。

つまり、改善に改善を重ねていって、私の研修はいつも「最新バージョン」なのです。もちろん、著述でも、常にバージョンアップをめざして、いつでも「最新」を心がけているのです。

ですので、ここでは『アガリ症』『話ベタ』の本では詳しく触れていなかった「あがり症対策」の考え方を、最新バージョンとして皆さんにお伝えします。

それにはやはり、「あがり」の程度によって、〝使い分け〟が必要ということです。少なくともここ最近は、そう思って伝えています。ちょっと顔が赤くなるくらいのあがりと、何を言っているのかわからず足がガクガク震えてしまうようなあがりでは「対処の仕方が異なって当然」でしょう。

それを基本に私は次の3ステップを説いています。

第1ステップ：聴衆を野菜と思う
第2ステップ：聴衆を戯画化する
第3ステップ：1対1と思う

では詳しく見ていきましょう。

LESSON 9

第1ステップ　聴衆を野菜と思う

強度のあがり症の場合、くり返していますように普通のあがり症の対処法やスピーチのスキルは使えません。それではハードルが高いのです。

スピーチなら聴衆を「人間」として見るのは当たり前なのですが、「強いあがり」ではそこまでいかないのです。

むしろ、「多くの人が見ている」というのを感じますと、ますますあがりが強くなってしまいます。ドキドキして、足はガクガク……。こんな時にさらに「20人も見ている」「50人もいる」などというプレッシャーはそれこそ逃げ出してしまいたいものとなるでしょう。

そこで、古くからいう「聴衆をジャガイモと思え」式のアプローチの出番なのです。

ここでは、あまりスピーチのスキルは関係しません。というのは、カボチャやニンジンに話すのですから、「技術」なんかいらないわけです。

まずはとにかく「話せればＯＫ」というつもりになりましょう。

ですので、「目をしっかり見る」というアイコンタクトは、まだ先の話です。見るとはなしに見る、これでいいんです。

どうですか、少しは気が楽になったでしょう。

なにしろスピーチの本には、「聴衆とアイコンタクトしましょう」などと書いてあるのですから、まだムリでいいのですよ。

ステップをしっかり踏んでいけば、必ずその上のハードルを越していけますから安心してください。

話の構成とか、聴衆分析とか、ジェスチャー、スライド作成……すべて後回し。

まずはあなたが、野菜を前に話していると思って、話に耐性をもちましょう。「別に、何の抵抗もなく話せる」くらいにまで、野菜相手に話しましょう。くり返しましょう。

ここでまず場数を踏んで、話すことそのものを慣らすのです。スキルはそのあとでいいのですよ。

LESSON 10

第2ステップ　聴衆を戯画化する

さて、聴衆を野菜と思って、人前で話すことをくり返すと、以前ほどにはドキドキすることもなくなってきます。

そうしたら、次のステップに移りましょう。

聴衆は野菜から「人間」へと昇格します。ただし、まだ、ごくまともな人間というのではありません。

「こっぴどく奥さんから叱られている上司」

「トイレにしゃがんでいる姿」

「ころんで痛がっているみじめな様子」

というように、少々戯画化してしまうのです。

あがり症の人、話ベタな人は、「人の視線」が恐いということがありますよね。それを、「戯画化」してしまうことによって、その視線の主は「大したことはない」と思えてきたらしめたものです。

先ほどのように戯画化すれば、「おっちょこちょいな人」「ヘマをしている人」「大したことはない人」となるわけです。

あなたが話をしている聴衆は、あなたよりもずっとレベルの下の人なのです。

そう思いこむことによって、あなたは気を楽にして話していくことができます。

一般にはタブーとされる「俺が教えてやる」「どうだ知らないだろう」「私は偉いのよ」というつもりで、上から目線で話ができるようになってくるのです。

少なくとも、「相手が下」と思ったら、あまりあがりもなくなるものです。仮にあなたが大学生で、相手が小学生なら、あなたはまずあがらずに堂々と話をすることができるはずです。

あなたはもう、視線に悩むこともありません。

相手の聴衆を、「あなたよりもずーっと下の立場の人」と思いきり戯画化して、心の中で笑ってしまうことです。

LESSON 11

第3ステップ　1対1と思う

第3ステップにきてようやく、一般的な「人前での話し方のスキル」に到達します。ですので、いきなりこのステップで話そうとするのは、いかにハードルが高いかがおわかりいただけるでしょう。

ここでは次の三つのポイントを守りましょう。

①質問すること
②アイコンタクトすること
③スマイル

1対1の会話、対話のつもりで多人数と話をすること。これができれば、あなたはプロのレベルにまで必ず到達できますよ。

もしも1対1の会話なら、どちらかが必ず「質問する」ものです。

「えっ、それからどうなったんですか？」

「なんでした？」

「いつ頃でしょうか？」

と、わからなければ問いかけをして、コミュニケーションが成り立つわけです。

そこで、仮に人前で多人数を相手にしたとしても、「質問」を入れていくと、あたかも会話をしているような双方向の形で話を進めることができます。

仲間うちのプレゼンでしたら、「1人」を本当に指名してもいいわけです。

「鈴木さん、ご意見は？」

「中村さん、どう思いますか？」

という具合です。


2番目がアイコンタクトすることです。

当然、1対1の会話なら、何回も相手の目を見て話をするはずです。これは、あなたが何回も人前で話をすれば、やがて「1対1」のムードで話ができるようになります。

3番目のスマイルは、他でも触れたように、「親しみやすさ」と「余裕」を示せます。

が、あがり症、話しベタの人がいきなり人前でするには、ハードルは高いわけです。

野菜↓戯画化
でじっくりと場数を踏めば、スマイルも出せるようになりますよ。安心してください。

あがり症も話しベタも、ハードルをいつもよりも下げて、「実践しやすい」ようにしてみましょう。その上で、場数を踏んで慣れるのです。

おわりに　話しベタに感謝しよう

いかがでしたか？　ここまでお読みになれば、あなたがあがり症、口ベタ、話しベタであったとしても「話すこと・伝えること」への抵抗感はかなり少なくなったのではないでしょうか？

本書の冒頭で、私は「話しベタのメリット」について述べました。ここでもう一度、「話しベタのよさ」についてお伝えしたいと思います。

今私は、自分がどうしょうもなくあがり症で話しベタだったことを、ありがたいなとつくづく思うのです。

私は最近、かなりのダイエット、ボクシングなら3階級ダウンになるほどのダイエットをしました。嬉しかったですね。目標体重になったときは。でも実は、20年前の体重に戻っただけなんです。ですから、昔の友人は「前と変わらないね」なんて言います。しかし、本人にしてみればかなりの変化で、つい昨年の私を知っている人はびっくりします。太い人ほど、体重が減ったときの感激の度合いは大きいのです。

話し方も似ていて、口ベタであがり症がひどいほど、克服できた時の感動は口にできないくらい大きいのです。

だからあなたは、感動できるチャンスを与えてくれた、話しベタ、口ベタに、まずは感謝しなくてはいけませんね。なにしろ、もともと話のできる人には、この喜びは味わえないのですから。

私はたまたま今、人前で話すのが仕事です。だから、仕事の種になってくれたあがり症、話しベタに「ありがとう」と言いたいくらいです。

話し下手だからこそ、このような本を書けたのですし、あなたとも出会えたわけですし。年に8万点以上の、15億冊とも言われる数の本が出ています。私の書いた本があなたに読まれたのは、奇跡的な出会いだと思うんです。

そのもとは何か、と考えてみると、やっぱり感謝しかないかな。

何ごとにも、ありがたいという感謝の気持ちがあれば、はた目には苦しく見えても、本人にとってはむしろ楽しいことは多いものです。ようやく今になって、あがり症に悩んでいた頃、話ベタで苦しんでいた頃が楽しい体験に思えてきました。

また、私が15万人にも及ぶ受講者を観察してきてわかったことは、話ベタ、口ベタの人は皆「頭のいい人」ということです。あがり症の人も同じです。

人より先のことを考えてしまい、マイナス状況に目を向けてしまうので、あがります。話ベタの人も、言いたいことが頭の中でからまわりしてしまい、口がついていかない感じではありませんか？

でもそれが「頭がいい証明」なのだと思えたら、むしろありがたいとは思えませんか？なにしろ、何も考えない、考えられない人はあがりもしないのです。

口ベタだからこそ、何とか克服しようと、普通の人よりも真剣に、やる気をもって努力できるのです。

私の信条は、現場で役に立つスキルを伝承していくということです。使えなければ意味がない。

本書を使って、現場で成果を出す人が一人でも増えたらこの上ない幸せで、著者冥利につきます。

ビジネス書編集部の竹並治子さんには大変、尽力いただきまして、感謝します。

また、ここまで読んでいただいたあなたに、ありがとう。

著者記す

著者略歴

松本幸夫（まつもと ゆきお）

人材育成コンサルタント。
1958年東京生まれ。「最短でできる人をつくる」研修のプロとして、20年間にわたり最前線を走り続けている。現在、スピーチ・プレゼン・交渉など「コミュニケーション術」を中心に年間150回の研修、講演会を行なう。なかでも、「話し方」に関する講演は強度のあがり症を克服した経験から生みだされたもの。あがり症のひどかった時代に全国の話し方教室をまわり、武道、ヨガ、瞑想、禅、セミナー等あらゆる手をつくす。本書はその経験から得た知恵を具体的なHOW TO DOにおとしこんだ、期待作。
主な著書に『仕事は水曜日までに終わらせなさい』（PHP研究所）、『仕事が10倍速くなるすごい！法』（三笠書房）、『いちばん効率的に仕事を進める！技術』（すばる舎）、『1日を2倍に使う！すごい時間術』『アガリ症を7日間で克服する本』『話ベタを7日間で克服する本』（同文舘出版）など。

あがり症・口ベタ・話しベタをなんとかする「とっておきの話し方」

平成21年6月12日　初版発行

著　者 —— 松本幸夫
発行者 —— 中島治久

発行所 —— 同文舘出版株式会社

東京都千代田区神田神保町1-41　〒101-0051
電話　営業03（3294）1801　編集03（3294）1803
振替00100-8-42935　http://www.dobunkan.co.jp

ISBN978-4-495-58441-2

印刷／製本：萩原印刷　Printed in Japan 2009